POCO A POCO

WORKBOOK/LABORATORY MANUAL

James M. Hendrickson

Paul J. Hoff

University of Wisconsin-Eau Claire

HH Heinle & Heinle Publishers
Boston, Massachusetts 02116 U.S.A.

Boston • Albany • Bonn • Cincinnati • Detroit • Madrid • Melbourne • Mexico City
New York • Paris • San Francisco • Singapore • Tokyo • Toronto • Washington

ITP® **A division of International Thomson Publishing, Inc.**
The ITP logo is a trademark under license.

To the Student:

In the *Actividades y ejercicios orales*, you will find "Hints" designed to guide you as you listen to the laboratory tapes. Before you do each exercise, be sure to read the corresponding "Hint," if one is provided.

The *Actividades y ejercicios orales* feature a variety of activities. Some activities require a written response and space is provided to write the answer in your manual. Other activities require an oral response. In some cases, you will hear a native speaker give the correct answer. In other instances, you will not hear a follow-up response because you are expected to answer from your own experience.

As with all the *Actividades y ejercicios orales*, be sure to read the directions to each activity and use the "Hints" for guidance.

TEXT CREDITS

p. 54 sports listings from *El Mercurio*, Santiago, Chile, 28 agosto 1988, p. C-10;   p. 167 **Frutas en salsa de caramelo** reprinted from *Buenhogar*, no. 7, 26 marzo 1985;   p. 298 registration form from **Hotel O'Higgins**, Viña del Mar, Chile;   p. 300 **Maravilloso Ecuador** reprinted from Agencia de Viajes Jorge León Castro e hijo, San José, Costa Rica.

Manufactured in the United States of America
ISBN 0-8384-7816-6

Heinle & Heinle Publishers is a division of International Thomson Publishing, Inc.
10 9 8 7 6 5 4

CONTENTS

L E C C I Ó N

PRELIMINAR

¡Mucho gusto!

Actividades y ejercicios escritos

EN CONTEXTO

En la sala de clase

Read the conversation between Carmen and Keith in the *En contexto* section on page 3 of your textbook. Then, based on what you read, complete the following sentences by using appropriate words from the list below.

Ejemplo: Las Cruces es una ciudad de ___Nuevo México___.

México	Florida	Nuevo México	un estudiante
cubanos	la ciudad	la profesora	una sala de clase

1. La señora Fuentes García es __la profesora__ de Keith Howe.

2. Keith es __un estudiante__ de español en la universidad.

3. Carmen y Keith están hablando en __una sala de clase__

4. La profesora es de Guadalajara, __México__ y Keith es de Miami, __Florida__.

5. Hay muchos __cubanos__ y otros hispanos en __la ciudad__ de Miami.

VOCABULARIO ÚTIL

A. Expresiones útiles. Choose an expression from the right-hand column that would be an appropriate response to each statement or question in the left-hand column. Some items may have more than one possible answer.

1. __d__ ¡Mucho gusto!   a. ¡Adiós!

2. __c__ Encantado(a).   b. ¡Chao! ¡Chao!

3. __a b__ ¡Chao, Keith!   c. ¡Mucho gusto!

4. __a__ ¡Hasta mañana!   d. El gusto es mío.

5. __f__ ¡Hola! ¿Qué tal?   e. Mi nombre es Kelly.

6. __e__ ¿Cómo te llamas?   f. Bien, gracias. ¿Y tú?

B. En la clase de español. Complete the following conversations appropriately according to the times indicated.

1. It's 8:00 a.m.

    KELLY: ¡Buenos _días_ ! ¿Qué tal?

    USTED: _muy bien_ . ¿Y _tú_ ?

    KELLY: Bastante bien.

2. It's 1:30 p.m.

    PROFESOR(A): Buenas _tardes_ . ¿ _Qué tal_ ?

    USTED: _Más o menos_, profesor(a). ¿Y _usted_ ?

    PROFESOR(A): _Bastante bien_ , gracias.

3. It's 11:30 p.m.

    KEITH *(yawning):* Buenas _noches_ .

    USTED: _Buenas noches_ , Keith. Hasta _luego_ .

    KEITH: _Hasta mañana_ .

C. Otra conversación. Invent a conversation in Spanish between the two people illustrated below. Write at least two exchanges between them.

Kelly: Buenos dias, profesora. ¿Cómo está usted?

Profesora: ~~Bueno~~ ¡Hola Kelly! Estoy bien, gracias. ¿y tú?

Kelly: Bastante bien.

Profesora: bien

Atajo

Functions: Greeting; saying goodbye

Nombre _____Gia Oh_____ Fecha _____

D. Problemas de matemáticas. Write out the missing number in each math problem below.

Ejemplo: Dos más dos son ____cuatro____.

1. Once más dos son _____.

2. Ocho más ocho son _____.

3. Cinco menos cinco es _____.

4. Veintiuno menos uno son _____.

5. _____ menos diez son cuatro.

6. Nueve más _____ son veintidós.

7. Veintiocho menos cinco son _____.

8. Siete más _____ son veinticinco.

E. Información personal. Answer the following questions in Spanish.

Ejemplo: ¿Cómo te llamas?

___Me llamo Keith Howe.___

1. ¿Cuál es tu nombre?

___Mi nombre es Gia Oh.___

2. ¿De dónde eres?

___Soy de Moreno Valley___

3. ¿Cuántos años tienes?

___Tengo viente uno añõs.___

4. ¿Cuál es tu dirección?

___Mi dirección es 11124 Palmilla dr. # 111.___

5. ¿Cuál es tu número de teléfono?

___Mi número de teléfono es 555 - 8888___

6. ¿Cómo se llama tu papá?

___Mi papá se llama Ben___

7. ¿Cuál es el nombre de tu mamá?

___el nombre de mi mamá es June.___

8. ¿Quién es tu profesor(a) de español?

Romero Sanchez es mi profesor de español.

9. ¿Cómo se llama tu texto de español?

Mi texto de español se llama "Poco a Poco"

10. ¿Cuántos estudiantes hay en tu clase de español?

Hay treinta estudiantes en mi ~~clase~~ clase de español.

GRAMÁTICA FUNCIONAL

Subject Pronouns and Present Tense of *Ser*

A. Dos amigos. Complete the conversation below with the appropriate subject pronouns: **yo, tú, usted, él, ella, nosotros, nosotras, ellos, ellas.**

Ejemplo:　　　ANITA: ¿Cómo está _usted_, señor Falcón?

SR. FALCÓN: Bien, gracias. ¿Y _tú_, Anita?

ANITA: Más o menos.

ANITA: ¿De dónde son Alfredo y Graciela, señor Falcón?

SR. FALCÓN: _Ellos_ son de Sudamérica. _Alfredo_ es argentino y _Graciela_ es

colombiana.

ANITA: Y _ustead_, señor Falcón, ¿de dónde es?

SR. FALCÓN: ¿ _Yo_ ? Soy de Costa Rica.

ANITA: Y la señora Falcón, ¿de dónde es _ella_ ?

SR. FALCÓN: De Panamá. _Yo_ y _ella_ somos centroamericanos. Y

_tú_, ¿de dónde eres, Anita?

ANITA: _Yo_ soy mexicana; soy de la Ciudad de México.

B. ¡Mucho gusto! Complete the conversation that follows by using appropriate forms of the verb **ser: soy, eres, es, somos, son.**

Ejemplo: Yo _soy_ de los Estados Unidos.

ANÍBAL: ¿De dónde _son_ ustedes?

TOMÁS: Nosotros ___somos___ de Latinoamérica. José ___es___ de Nicaragua,

Esteban y Lucía ___son___ del Ecuador y Rosa María y yo ___somos___ de

Cuba. Y tú, ¿de dónde ___eres___ ?

ANÍBAL: ___Soy___ de España.

C. ¿Quiénes son? Complete the sentences below with appropriate names and the correct verb form: **es** or **son**.

Ejemplos: ___Robin Williams es___ mi actor favorito.

___Jodie Foster y Vanessa Redgrave son___ mis actrices favoritas.

1. ___Jennifer Lopez es___ bilingüe.

2. ___Gwyneth Paltrow es___ monolingües.

3. ___John Cusack es___ mi actor favorito.

4. ___Kevin Spacey y Russel Crowe son___ actores excelentes.

5. ___Hillary Clinton y Van Gogh son___ personas interesantes.

6. ___Romano Sánchez es___ mi profesor(a) de español.

AUTOPRUEBA

Vocabulario

A. Preguntas y respuestas. Circle the correct response for each of the following questions.

1. ¿Qué tal?

   Bastante bien. / Mucho gusto. / Hasta luego.

2. ¿Cómo está usted?

   Adiós. / Más o menos. / Buenas tardes.

3. ¿Cómo te llamas?

   Roberto. / Encantada. / Muy bien.

4. ¿De dónde eres?

   Mañana. / El gusto es mío. / Soy de Tejas.

B. Los números. Write out each number in Spanish, then write the next number that follows it.

Ejemplo: 7 → <u>siete, ocho</u>

10 _____   19 _____

14 _____   29 _____

Gramática

A. Presentaciones. Complete the following conversation with appropriate present tense forms of the verb **ser**.

KEITH: Me llamo Keith. ¿Quién _____ tú?

CARMEN: _____ Carmen Fuentes García. Y ésta _____ mi mamá.

KEITH: Encantado. ¿De dónde _____ ustedes?

MAMÁ: Nosotras _____ de Guadalajara, México.

B. ¿De dónde son? Complete the following conversation with appropriate subject pronouns.

KEITH: Perdón, ¿son _____ de México?

RAMÓN: No. _____ somos de Sudamérica.

KEITH: Y _____, Carlos. ¿De dónde eres?

CARLOS: Pues, _____ soy de Puerto Rico.

KEITH: Y _____, María y Roberto?

RAMÓN: _____ es de Cuba y _____ es de Panamá.

KEITH: ¿Y _____, doña Rosa? ¿De dónde es?

ROSA: _____ soy de Guatemala, señor.

Cultura

A. ¿Tú o usted? Write whether you would address the following people using **tú** or **usted.**

1. _____ your classmate   3. _____ a child you don't know

2. _____ your instructor   4. _____ an adult you don't know

B. Los saludos. Circle the best response to each situation.

1. You meet a Hispanic man and his wife.

   Give them each a hug. / Shake their hands. / Nod your head.

2. A Hispanic friend gives you a hug.

   Return the hug. / Kiss your friend's cheek. / Shake your friend's hand.

ANSWERS TO AUTOPRUEBA

Vocabulario

A. Preguntas y respuestas

1. Bastante bien.
2. Más o menos.
3. Roberto.
4. Soy de Tejas.

B. Los números

10 = diez, once   19 = diecinueve, veinte

14 = catorce, quince   29 = veintinueve, treinta

Gramática

A. Presentaciones

eres, Soy, es, son, somos

B. ¿De dónde son?

ustedes, Nosotros, tú, yo, ellos, Ella, él, usted, Yo

Cultura

A. ¿Tú o usted?

1. tú   3. tú
2. tú / Ud.   4. usted

B. Los saludos

1. Shake their hands.
2. Return the hug.

Actividades y ejercicios orales

EN CONTEXTO

En la clase. Listen to the following conversation. Based solely on the information provided in the dialogue, decide if the statements in your Lab Manual are **correcto (C)**, **incorrecto (I)**, or **No hay suficiente información (not enough information) (N)**.

1. Keith tiene 22 años.   C   I   N

2. Carmen es profesora.   C   I   N

3. Hay 25 estudiantes en la clase.   C   I   N

4. Carmen es de Cuba.   C   I   N

5. Keith es de los Estados Unidos.   C   I   N

6. Miami es una ciudad internacional. C   I   N

VOCABULARIO ÚTIL

A. Cómo saludar y conocer a la gente. You will hear three short conversations. Write the number of the conversation below the picture to which it corresponds. Not all the pictures will be used.

⌐ **Hint:** Before beginning, think about what the people are saying in each of the pictures. Consider the visual as well as the auditory cues.

_____   _____

_____   _____

B. ¿Tú o usted? Listen to the following brief greetings. Decide if the speaker is addressing people in a formal or an informal way and write down either **tú** or **usted** for each greeting.

1. _____   4. _____

2. _____   5. _____

3. _____

C. Números de teléfono. You would like to rent an apartment on the beach during the summer. You contact a real estate agent in Madrid who gives you a brief description of each apartment. Write down the number of occupants possible and phone numbers for five available locations.

⌐ **Hint:** A great deal of information is provided in this exercise. Be sure to listen for the number of people mentioned and the telephone numbers.

	Número de personas	Teléfono
1. Marbella	_____	_____
2. Calafat	_____	_____
3. Benidorm	_____	_____
4. Denia	_____	_____
5. Alicante	_____	_____

D. Las edades. Keith is talking about the ages (*edades*) of certain people. Fill in the blanks with the numbers that you hear.

Mi amigo Marcos tiene _____ años y mi amiga Carolina tiene _____ años. Teresa,

mi hermana menor, tiene _____ años, y Susana, mi hermana mayor, tiene _____ años. La

Srta. Martínez es mi profesora de biología y tiene _____ años.

E. La curiosidad. Some students are curious about one of their professors. They ask simple personal questions, and the professor answers. Listen carefully to their questions and how the professor answers. From what is said, write down as much information as you can about the professor.

La clase de español

La profesora se llama _____.

Su número de teléfono es _____.

Es de _____.

Ella tiene _____ años.

PRONUNCIACIÓN ESENCIAL

Spanish *a, o, u.* Spanish vowels are always short, crisp, and tense; they have no glide sounds as in the English word **go.**

a   The Spanish *a* is pronounced approximately like the **a** in **father.** Listen to the following dialogue and repeat each line of the dialogue after the speakers, trying to imitate the vowel sounds as well as you can.

—¡Hola, María Elena!

—Buenas tardes, doña Carmen.

—¿Como está tu mamá?

—Está muy bien, gracias.

—Y tu papá, ¿cómo está?

—Bien. ¡Ay! ¡Tengo una clase!

—¡Hasta mañana, María Elena!

—Hasta mañana, doña Carmen.

o   The Spanish *o* is pronounced approximately like the **o** of **hope.** Listen to the following dialogue and repeat each line of the dialogue after the speakers, trying to imitate the vowel sounds as well as you can.

—¡Hola! Me llamo Pablo Ortega.

—Mi nombre es José Ordaz.

—Mucho gusto, José.

—El gusto es mío, Pablo.

—¿Cuántos años tienes?

—Dieciocho. ¿Y tú, Pablo?

—Veintiocho. Chao, José.

—Chao, chao.

u   The Spanish *u* is pronounced approximately like the **u** in **tube.** Listen to the following dialogue and repeat each line of the dialogue after the speaker, trying to imitate the vowel sounds as well as you can.

—Luisa, ¿cuál es tu clase favorita en la universidad?

—Literatura del Uruguay. ¿Y la tuya, Lucho?

—Literatura de Cuba y del Perú.

—¡Uy! ¡Los autores cubanos y peruanos son fabulosos!

GRAMÁTICA FUNCIONAL

A. El verbo ser. You will hear some statements containing forms of the verb **ser.** Decide which subject pronoun corresponds to the sentences. Write the appropriate number below each pronoun. Not all pronouns will be mentioned.

yo   tú   usted   nosotros   él

_____   _____   _____   _____   _____

B. ¿De dónde es usted? Students from many Spanish-speaking countries attend the university in Las Cruces. Keith has just met a group of students from South America and would like to know where each student is from. Look at the map and answer his questions in complete sentences.

⌐ **Hint:** Before beginning this activity, study the maps inside the front and back covers of your text.

C. ¿Quién soy yo? You have just met Teresa, an exchange student at your university. Answer the questions that she asks you.

L
E
C
C
I
Ó
N

1

¿Qué estudias aquí?

Actividades y ejercicios escritos

EN CONTEXTO

En la clase de inglés

Read the conversation between Carlos and Anita in the *En contexto* section on page 23 of your textbook. Then, based on what you read, circle the person's name who would say each statement below. In some cases, circling both Carlos and Anita is the correct answer.

Ejemplo: (Carlos)   Anita   — *Soy de Mérida, Yucatán.*

Carlos   Anita   1. —Estudio turismo en la UNAM.

Carlos   Anita   2. —Quiero ser ingeniero nuclear.

Carlos   Anita   3. —Estudio computación en la UNAM.

Carlos   Anita   4. —Algún día quiero ser intérprete.

Carlos   Anita   5. —Quiero estudiar en la biblioteca.

Carlos   Anita   6. —Soy estudiante de la universidad.

Carlos   Anita   7. —Para mí el inglés es bastante fácil.

Carlos   Anita   8. —Las lenguas son interesantes para mí.

VOCABULARIO ÚTIL

A. Mis compañeros y amigos. Complete the following sentences by filling in names of people you know.

Ejemplos: Dos compañeros de mi clase de español se llaman _Keith_ y _Kelly_.

1. Dos compañeros de mi clase de español son _____ y _____.

2. Dos compañeros de mi clase de (español / historia / …) _____ son _____ y _____.

3. Mi compañero(a) de cuarto se llama _____. (No tengo [*I don't have a*] compañero/a de

cuarto).

4. Mi mejor *(best)* amigo se llama _____.

5. Mi mejor amiga se llama _____.

6. Tengo un novio; se llama _____. (No tengo novio.)

7. Tengo una novia; se llama _____. (No tengo novia.)

B. Estudios y profesiones. Write nine sentences that form logical associations between academic subjects and professions, as in the example.

Ejemplo: Las personas que estudian música quieren (want) ser músicos.

Cursos académicos		Profesiones	
Ej.: música		**Ej.:** músicos	
1. pintura	6. educación	pilotos	reporteros
2. lenguas	7. periodismo	médicos	agricultores
3. medicina	8. agricultura	artistas	comerciantes
4. aviación	9. computación	intérpretes	programadores
5. negocios		profesores	

1. _____

2. _____

3. _____

4. _____

5. _____

6. _____

7. _____

8. _____

9. _____

C. ¿Interesante o no? Write the name of each course under one of the three categories, according to your interests.

inglés	historia	baile	álgebra
alemán	filosofía	música	cálculo
francés	literatura	pintura	geometría
química	economía	medicina	derecho
biología	sicología	educación	negocios
geología	ciencias políticas	computación	periodismo

No es interesante	Es un poco interesante	Es muy interesante
_____	_____	_____
_____	_____	_____
_____	_____	_____

D. ¿Qué hora es? Read each time written in Spanish below. Then write in the time in numbers including a.m. or p.m., as shown in the example.

Ejemplo: Son las ocho de la mañana.   →   _____8:00 a.m._____

1. Es la una de la tarde.   →   _____

2. Son las nueve de la mañana.   →   _____

3. Son las doce menos diez de la noche.   →   _____

4. Son las diez y media de la mañana.   →   _____

5. Son las nueve y cuarto de la noche.   →   _____

6. Es la una y diez de la tarde.   →   _____

7. Son las cuatro menos cuarto de la tarde.   →   _____

E. Mis clases. Complete the following class schedule by writing in the Spanish names of the courses you are taking this term.

DÍA

HORA	lunes	martes	miércoles	jueves	viernes
8:00					
9:00					
10:00					
11:00					
12:00					
13:00					
14:00					
15:00					
16:00					

GRAMÁTICA FUNCIONAL

Definite and Indefinite Articles

A. ¿Qué son? Write a short sentence to identify each of the objects shown, as in the example.

Ejemplo: <u>Es un auto</u> .

_____

_____

_____

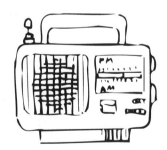

_____

_____

_____

B. Dos estudiantes. Complete the following paragraphs by writing in definite articles (**el, la, los, las**) and indefinite articles (**un, una, unos, unas**), appropriately.

Anita Camacho es _____ persona inteligente. Ella estudia turismo, sicología y dos lenguas en

_____ UNAM, que es _____ universidad enorme de _____ Ciuidad de México. Para Anita _____

lenguas son fáciles, especialmente _____ inglés y _____ alemán.

Uno de _____ compañeros de clase de Anita se llama Carlos Suárez, y es _____ estudiante de

ingeniería nuclear. Para Carlos _____ inglés es _____ lengua muy difícil.

_____ clase de inglés de Anita y Carlos es en _____ turno matutino a _____ nueve de

_____ mañana todos _____ días de _____ semana, excepto _____ sábados y domingos.

Present Tense of Regular *-ar* Verbs

C. Dos amigas. Complete the following paragraph by writing the appropriate form of verbs chosen from the list below.

tomar	regresar	hablar	escuchar
llegar	estudiar	trabajar	descansar

La doctora Carmela Méndez de León es profesora de bioquímica. Ella _____

principalmente en un laboratorio de la UNAM. Carmela _____ español e inglés y _____

alemán con una amiga Isabel Pacheco Fernández en el Instituto Goethe. Isabel y Carmela _____

la clase de alemán por la noche. La clase es a las siete y ellas _____ en auto a las siete menos

cuarto. En la clase los estudiantes _____ muchas cintas en alemán. Es una clase interesante

porque el profesor Schmidt es bueno y un poco cómico. A las nueve Carmela e Isabel _____ a

casa y _____ un poco.

D. La rutina estudiantil. Complete each description and conversation with the correct form of the verb in parentheses plus appropriate personal information indicated by the three dots (…).

1. (hablar)

   Anita ____habla____ español, inglés y alemán. Carlos _____ español e inglés.

   —¿Qué lenguas _____ tú y tus amigos?

   —Yo… _____ _____. Mis amigos… _____ .

2. (llegar)

   Anita y Carlos _____ a la UNAM a las ocho y media de la mañana.

—¿A qué hora _____ tú a la escuela / universidad?

—Yo _____ a las… _____ de la… _____ .

3. (escuchar)

Anita _____ cintas en inglés y alemán, y Carlos _____ cintas en inglés.

—¿Y tú? ¿En qué lenguas _____ cintas?

— _____ cintas en… _____ .

4. (estudiar)

Carlos y Anita _____ en la biblioteca.

—¿Dónde _____ tú y tus compañeros de clase?

—Nosotros _____ en… _____ .

5. (descansar)

Carlos y Anita _____ por la tarde.

—¿Cuándo _____ tú?

— _____ por la… _____ .

E. La rutina de Carlos Súarez. Describe the picture story, below, using only the
Spanish words, phrases, and grammatical structures that you know. To help you begin, the
first frame in the story is described on the first line.

Carlos llega a la clase de inglés a las nueve de la mañana.

_____

_____

_____

_____

_____

_____

F. ¿Y usted? Describe your daily routine, using the picture story and the paragraph you wrote in Activity E. Use *only* the Spanish words, phrases, and grammatical structures you know.

_____

_____

_____

_____

_____

_____

Atajo	**Functions:**	Talking about daily routines
	Vocabulary:	Classroom; days of the week; time of day
	Grammar:	Verbs: *ser*

AUTOPRUEBA

Vocabulario

A. Los cursos. Circle the course that does **not** belong in the category.

1. Lenguas: inglés / historia / alemán

2. Letras: cálculo / literatura / filosofía

3. Bellas artes: música / pintura / biología

4. Ciencias naturales: derecho / química / geología

5. Ciencias sociales: sociología / negocios / economía

6. Estudios profesionales: computación / periodismo / álgebra

B. La hora. Write out each time in Spanish.

Ejemplo: 21:00 → <u>Son las nueve de la noche.</u>

1. 16:00 _____

2. 1:30 _____

3. 24:00 _____

4. 9:45 _____

5. 20:15 _____

C. Los días. Write in Spanish the name of the day that follows the one given.

Ejemplo: lunes → <u>martes</u>

1. domingo _____

2. martes _____.

3. jueves _____

Gramática

A. Los artículos. In each item, write the appropriate definite article (**el, la, los, las**) on the first line, and the appropriate indefinite article (**un, una, unos, unas**) on the second line.

Ejemplo: <u>El español es una lengua.</u>

1. _____ martes es _____ día.

2. _____ Vegas es _____ ciudad.

3. _____ computación es _____ curso.

4. _____ ingeniería es _____ profesión.

5. _____ lápices son _____ objetos útiles.

B. Una conversación. Complete the following conversation with the appropriate forms of the verb in parentheses.

Ejemplo: (hablar)

ARMANDO: ¿Con quién _habla_ usted español?

USTED: _Hablo_ español con mis amigos.

(trabajar)

CONSUELO: ¿Cuándo _____ ustedes, Armando?

ARMANDO: María _____ por la mañana. Raúl y yo _____ por la noche.

CONSUELO: Y tus amigos Carlos y Anita, ¿cuándo _____ ellos?

ARMANDO: Carlos _____ por la noche, y Anita no _____.

Cultura

¿Sí o No? Read each of the following statements, then write **Sí** if it is true or **No** if it is not.

1. The 24-hour system of telling time is used for schedules in Spain and Latin America. _____

2. In a Hispanic country if you are invited to a party that begins at 8:00 p.m., you are expected to arrive on time. _____

3. In most Spanish-speaking countries, a **colegio** is a type of college. _____

4. There is a great deal of competition to enroll in most universities in Latin America and Spain. _____

ANSWERS TO AUTOPRUEBA

Vocabulario

A. Los cursos

1. historia
2. cálculo
3. biología
4. derecho
5. negocios
6. álgebra

B. La hora

1. Son las cuatro de la tarde.
2. Es la una y media de la mañana.
3. Es medianoche.
4. Son las diez menos cuarto (quince) de la mañana.
5. Son las ocho y cuarto (quince) de la noche.

C. Los días

1. lunes   2. miércoles   3. viernes

Gramática

A. Los artículos

1. El, un
2. Las, una
3. La, un
4. La, una
5. Los, unos

B. Una conversación

trabajan, trabaja, trabajamos, trabajan, trabaja, trabaja

Cultura

¿Sí o No?

1. Sí   2. No   3. No   4. Sí

Actividades y ejercicios orales

EN CONTEXTO

¿Quién es? Listen to the dialogue on your tape. As you listen, decide if the following statements correspond to **Anita, Carlos,** or to both of them **(Los dos).** Circle the appropriate response.

1. Carlos   Anita   Los dos

2. Carlos   Anita   Los dos

3. Carlos   Anita   Los dos

4. Carlos   Anita   Los dos

5. Carlos   Anita   Los dos

VOCABULARIO ÚTIL

A. Los amigos de Carlos. You will hear two friends of Carlos introduce themselves. Listen carefully and try to understand the city they are from, how old they are, their relationship to Carlos, and their personal characteristics. As you listen, fill in the chart below.

	ANITA	PEDRO
City:		
Age:		
Relationship to Carlos:		
Characteristics:		

B. Los estudios. Listen as Anita and her friend Ángela talk about Ángela's plans to further her education. As you listen, determine which courses she would likely pursue and which she would not. Circle the courses she would probably take. Not all the drawings will be used.

⌐┘ **Hint:** Look at the visuals before listening. Listen especially for the names of courses.

derecho   computación   arte   medicina

aviación   negocios   baile   periodismo

historia   literatura   inglés   francés

alemán   acordeón   guitarra

C. Estudios y profesiones. Listen to the following conversation between an advisor and three college students preparing for their careers. Using your Cognate IQ, determine which profession each is planning to choose. As you listen, fill in the grid with the appropriate information for each student. Not all the blanks will be filled.

Hint: Remember that in an actual conversation, there is usually no specific order to information. Fill in the grid as each student responds.

	PROFESIÓN	CRÉDITOS	CURSOS
María Gutiérrez			
Ramona Martínez			
Memo Arenas			

D. La hora. You will hear six times of day that correspond to the clocks below. As you listen, match the statements with the clocks.

_____

_____

_____

_____

_____

_____

E. El horario de Cristóbal. Cristóbal is a new student at the UNAM. Listen as he describes his schedule in order to find out the days when his classes meet and the days when he works.

CLASE / ACTIVIDAD		DÍAS
inglés		
historia		
economía		
negocios		
trabajar		

PRONUNCIACIÓN ESENCIAL

A. Spanish e and i. Remember that Spanish vowels are always short, crisp, and tense. The Spanish *e* is pronounced like the *e* in **they.** Listen to the following sentences. Try to pay special attention to the vowel sounds.

    —¿Cómo se llama tu compañera?
    —Leonor. Es estudiante aquí.
    —¿De dónde es?
    —Ella es de Mérida en México.
    —¿Qué estudias en la universidad?
    —Estudio español, derecho e inglés.
    —¿Qué días tienes clase, Elena?
    —Los lunes, miércoles y viernes.

Now repeat each line of the dialogue, trying especially to imitate the vowel sounds.

i, y The Spanish *i* and the word *y* are pronounced approximately like the **i** in **machine.** First, listen to the dialogue, paying special attention to the vowel sounds.

    —¿Qué estudias aquí, María?
    —Estudio inglés y filosofía.
    —Y yo estudio medicina.
    —¡Qué interesante! ¿Qué días tienes clase, Lucía?
    —Los miércoles y viernes.
    —Hay muchos estudiantes, ¿verdad?
    —Sí. ¡En medicina hay muchos!

Now repeat each line of the dialogue, paying special attention to the vowel sounds.

B. Diphthongs and triphthongs. Spanish has open and closed vowels; these terms refer to how much the mouth is open or closed when pronouncing them. When an open vowel *(a, e, o)* and a closed vowel *(i, y, u)* come together, they are pronounced as one syllable called a **diphthong** (e.g., *buenos*). When an open vowel comes between two closed vowels, they are pronounced as one syllable called a **triphthong** (e.g., *Uruguay*). Listen to the dialogue, paying special attention to the diphthongs and triphthongs.

> —¡B**ue**nas noches! ¿Eres estud**ia**nte aquí en la esc**ue**la?
> —Sí. Estud**io** histor**ia** y c**ie**nc**ia**s naturales. ¿Y tú?
> —S**oy** estud**ia**nte tamb**ié**n. Estud**io** b**io**logía y leng**ua**s.
> —¡Qué b**ue**no! S**oy** de Asunción, Parag**uay**. ¿De dónde eres?
> —S**oy** de Montevid**eo,** Urug**uay.** Es una c**iu**dad enorme.
> —¡Qué b**ie**n! B**ue**no, ahora me v**oy**. ¡Hasta l**ue**go!

Now repeat the dialogue, paying special attention to the diphthongs and triphthongs.

C. La vocal e. Spanish words usually do not begin with an *s* plus a consonant. For example, the English word **space** is *espacio* in Spanish. Using your Cognate IQ, listen to and repeat the following Spanish words.

Now write down the words you hear on the tape. When you have completed the exercise, write the English equivalents of the Spanish words.

	español	**inglés**
1.	_____	_____
2.	_____	_____
3.	_____	_____
4.	_____	_____
5.	_____	_____
6.	_____	_____

GRAMÁTICA FUNCIONAL

A. ¡Hola! ¿Cómo te va? Listen as Ángela and Ramona, two students from the UNAM, talk about themselves, their courses, and their families. As you listen, try to determine whether the following statements describe **Ángela (A), Ramona (R),** or if there is **not enough information to decide (N).**

Hint: Read over the activity before listening to determine the pertinent information. Look over the vocabulary before beginning this section.

1. Vive con una compañera de cuarto. _____

2. Tiene 20 años. _____

3. Le gusta mucho su familia. _____

4. Estudia alemán. _____

5. Su mamá habla inglés y español. _____

6. Estudia inglés y física. _____

7. Escucha música. _____

8. Regresa a casa los sábados. _____

B. La familia de Anita. Anita's family is talking about some of their likes and dislikes. As you listen, write what each person **likes** under the column with the happy face and what he or she **dislikes** under the column with the sad face. Use the words on the left as a source. Not all words will be used.

⊐ **Hint:** Before listening, look over the words and try to guess the meaning of all cognates.

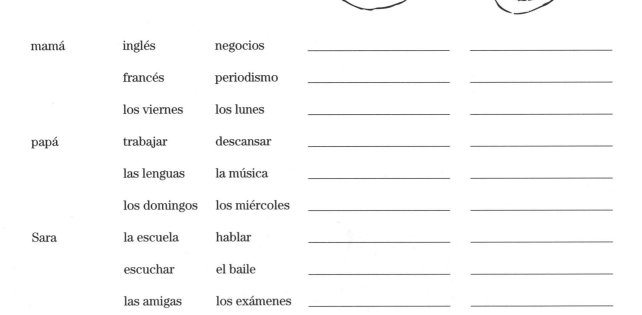

mamá	inglés	negocios	_____	_____
	francés	periodismo	_____	_____
	los viernes	los lunes	_____	_____
papá	trabajar	descansar	_____	_____
	las lenguas	la música	_____	_____
	los domingos	los miércoles	_____	_____
Sara	la escuela	hablar	_____	_____
	escuchar	el baile	_____	_____
	las amigas	los exámenes	_____	_____

C. Los encuentros. While walking across campus, you meet some new people from your Spanish class. Practice answering their questions, using the cues provided. Try to answer in complete sentences.

1. inglés y español

2. música clásica

3. mucho

4. a las 10:00

5. no… estudio mucho

6. quince

Nombre _____ Fecha _____

LECCIÓN 2

¡Aquí tienes tu casa!

Actividades y ejercicios escritos

EN CONTEXTO

En la casa de Anita

Read the conversation between Anita's family and Carlos in the *En contexto* section on page 45 of your textbook. Then, based on what you read, indicate whether each statement below is true or false, as in the example.

Ejemplo: El gato de los Camacho tiene cuatro años. (Sí) No

1. Anita Camacho tiene dos hermanas. Sí No
2. José Camacho es el hermano de Pilar. Sí No
3. Hay dos animales en la casa de Anita. Sí No
4. Carlos y Anita tienen clases los sábados. Sí No
5. Sara y Raúl están en casa en este momento. Sí No
6. Para el Sr. Camacho el inglés es importante. Sí No
7. Carlos llega a la casa de Anita por la tarde. Sí No

VOCABULARIO ÚTIL

A. En la casa de los Camacho. Complete the paragraph below by writing on the blank lines appropriate words from the following list.

padre   hermano   gato
madre   hermana   perro

Me llamo Anita Camacho. En mi casa somos cinco personas y hay dos animales. Mi

_____ se llama Pilar y mi _____ se llama José. Sara es mi _____ y Raúl

es mi _____. Tengo un _____, que se llama Bandido. Nuestro _____ se

llama Café, por su color.

LECCIÓN 2 • ¡Aquí tienes tu casa! 29

B. ¿Y usted? Use the paragraph in exercise A as a model to describe the people who live in your home.

Me llamo _____. En mi casa somos (#) _____ personas y hay (#)

_____ animales. Mi _____ se llama _____ y mi

_____ se llama _____. _____ es mi _____ y

_____ es mi _____. Tengo un _____, que se llama

_____.

C. Problemas de matemáticas. In each math problem below, write out the missing number in Spanish.

1. Sesenta menos _____ son veinticinco.

2. _____ más veintitrés son sesenta y tres.

3. Noventa y seis menos cuarenta son _____.

4. Catorce más _____ son noventa y ocho.

5. _____ menos cinco son sesenta y siete.

6. Doce más ochenta y siete son _____.

D. Mi familia. Tell the age of the following members of your family by writing the appropriate numbers on the lines provided.

1. Mi abuela (la mamá de mi padre o madre) tiene ____ años.   ____ (No tengo abuela.)

2. Mi abuelo (el papá de mi padre o madre) tiene ____ años.   ____ (No tengo abuelo.)

3. Mi mamá tiene ____ años.   ____ (No tengo mamá.)

4. Mi papá tiene ____ años.   ____ (No tengo papá.)

5. Mi hermana tiene ____ años.   ____ (No tengo hermana.)

6. Mi hermano tiene ____ años.   ____ (No tengo hermano.)

7. Y yo tengo ____ años.

E. Asociaciones. Write in Spanish the color you associate with the following things.

Ejemplo: _____rojo_____

1. _____   2. _____   3. _____   4. _____

   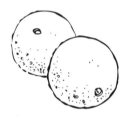      

5. _____   6. _____   7. _____   8. _____

F. Los colores oficiales. Complete the following sentences with the names of the official or typical colors according to each situation.

1. Los colores de Halloween son _____ y _____.

2. Los colores de la Navidad *(Christmas)* son _____ y _____.

3. Los colores oficiales de los Estados Unidos son _____, _____ y

   _____.

4. Los dólares norteamericanos son _____.

5. Los colores oficiales del Canadá son _____ y _____.

6. Los colores de mi escuela / universidad son _____

   _____.

GRAMÁTICA FUNCIONAL

Agreement With Adjectives

A. ¿Cómo son? Using adjectives from the list below, describe the people and pets that live in Anita's home.

alto(a)	bajo(a)	grande	pequeño(a)
delgado(a)	gordo(a)	nuevo(a)	viejo(a)
joven	anciano(a)	bueno(a)	malo(a)
guapo(a)	feo(a)	simpático(a)	antipático(a)
bonita	trabajador(a)	perezoso(a)	

1. Anita es estudiante. Ella es _____ *joven* _____ y

   _____ *trabajadora* _____.

2. El Sr. Camacho es dentista. Él es _____ y

   _____.

3. El gato de los Camacho es _____ y

   _____.

4. La Sra. Camacho es arquitecta. Ella es muy _____.

5. Raúl , el hermano de Anita, es _____ y un poco

_____ .

6. El perro de los Camacho, que se llama Bandido, es

_____ .

7. Sara es la hermana de Anita y Raúl. Ella es muy

_____ .

B. Personas interesantes. Fill in the chart below with the names of people you know or would enjoy meeting, and at least one adjective that describes each of them. Be sure your adjectives agree in gender (masculine or feminine) and number (singular or plural) with the people.

Ejemplos:

	Nombre	Adjetivo
Your best male friend	Roger Wendt	simpático
Your best female friend	Sheryl Rice	trabajadora

	NOMBRE	ADJETIVO
Your best male friend		
Your best female friend		
Your Spanish instructor		
Two children you love	/	
Two neighbors you like	/	
A great athlete		
A famous movie star		
A political leader		

C. Querida familia... Imagine that you are going to study in Mexico next summer. Write a short letter to the Mexican family you will be staying with, telling them what you look like, and something about your family and household pets, if any. Use only words and grammatical structures that you know well. The incomplete sentences below are for your guidance; write your letter on the long lines.

¡Hola! Me llamo _____. Soy _____ y _____, pero soy un poco _____. Hay (#) _____ personas en mi

familia. Mi papá se llama _____ y es _____. Mi mamá se llama _____; ella es una persona _____. Mi(s) her-

mano(s) se llama(n) _____ (y) _____. Es (Son) muy _____. Hay (#) _____ animales en mi casa; se llama(n)

_____, y es (son) _____ y _____.

_____

_____

_____

_____

_____

_____

Atajo

Functions: Writing a letter (informal); describing people
Vocabulary: Family members; people; personality; animals: domestic; colors
Grammar: Verbs: *ser*; possessive adjectives; possessive pronouns

Present Tense of *tener*

D. Dos conversaciones. Complete the following conversations, using *tengo, tienes, tiene, tenemos,* or *tienen,* appropriately.

CARLOS: ¿Cuántos años _____, Anita?

ANITA: _____ diecinueve años. ¿Y tú?

CARLOS: _____ veintitrés años.

ANITA: ¿Cuántos hermanos _____?

CARLOS: _____ un hermano y dos hermanas.

. . . .

CARLOS: ¿Cuántos niños _____ usted, señora?

PILAR: Mi esposo y yo _____ tres niños.

CARLOS: _____ ustedes animales en casa?

PILAR: Sí, _____ un gato y un perro.

E. Usted y dos amigos. Complete the following conversations between a female friend and yourself, a male friend and yourself, and José Camacho and yourself.

AMIGA: ¿Cuántos años _____, _____ (su nombre)?

USTED: _____ años. ¿Y tú _____ (nombre de su amiga)?

AMIGA: _____.

AMIGO: ¿Cuántos hermanos _____, _____ (su nombre)?

USTED: _____ hermano(s) y _____ hermanas. ¿Y tú, _____ (nombre de su amigo)?

AMIGO: _____.

USTED: ¿_____ usted niños, Sr. Camacho?

JOSÉ: Sí. Mi esposa y yo _____ tres niños. ¿Y usted, _____ (su nombre)?

USTED: _____ _____. ¿_____ ustedes animales en casa?

JOSÉ: Sí, _____ un gato y un perro. ¿Y usted?

USTED: _____.

Possessive Adjectives

F. La pequeña Sara. Sara is talking with her brother Raúl. On each line, write what she tells him, using possessive adjectives and making any necessary changes in the verb forms.

Ejemplo: **Yo** tengo **mis** cintas. Anita…

Anita tiene sus cintas.

1. **Yo** estudio en **mi** colegio. Tú…

   _____

2. **Tú** hablas por teléfono con **tus** amigos. Mamá y papá…

   _____

3. **Carlos** toca bien **su** guitarra. Papá...

_____

4. **Mamá** trabaja con **sus** amigos. Yo...

_____

5. **Anita** estudia **sus** lecciones. Tú y yo...

_____

6. **Mi amiga Magda** tiene **su** libro favorito. Tú y yo...

_____

Possession with _de(l)_

G. ¿De quién es? Answer the following questions, as shown in the example.

Ejemplos: ¿De quién son los amigos?

Son los amigos de Sara.

O: _Son los amigos de la hermana de Anita._

1. ¿De quiénes son los amigos?

_____

_____

2. ¿De quién es la guitarra?

_____

_____

3. ¿De quién son los padres?

    _____

    _____

4. ¿De quiénes son las fotos?

    _____

    _____

5. ¿De quién es el perro?

    _____

    _____

H. Autos y animales. Answer each of the following questions in a complete sentence.

1. ¿Cuántos autos tiene su familia?

    _____

2. ¿De quiénes son los autos?

    _____

3. ¿Son nuevos o viejos?

    _____

4. ¿Son pequeños o grandes?

   _____

5. ¿De qué colores son?

   _____

6. ¿Cuántos animales tiene su familia?

   _____

7. ¿De quiénes son los animales?

   _____

8. ¿Son pequeños o grandes?

   _____

9. ¿Cuántos años tienen?

   _____

10. ¿De qué colores son?

   _____

Present Tense of Regular *-er* and *-ir* Verbs and *hacer*

I. Dos amigos. Complete the sentences below by writing the appropriate form of the verbs on the lines provided.

leer	comer	hacer	recibir	aprender
deber	beber	vivir	escribir	comprender

Anita y su familia _____ en México, D.F. Ella _____ mucho en sus clases de la

UNAM. Anita _____ , _____ y _____ tres lenguas: español, alemán e inglés.

Ella _____ mucho trabajo en sus clases porque quiere ser intérprete.

Carlos no _____ con su familia. Sus padres, sus dos hermanas y su hermano

_____ en Mérida, la capital del Yucatán. Carlos le _____ a su familia frecuentemente y

él _____ muchas cartas de ellos.

Carlos y Anita _____ inglés por la mañana. Él _____ estudiar más porque el

inglés es difícil. Por la tarde Carlos y Anita _____ en la cafetería de la UNAM. Ellos

_____ sándwiches y _____ café.

Nombre _____ Fecha _____

J. Actividades diarias. Write sentences that describe what you and people you know do or don't do, using one element from each of the four categories shown in the chart.

Ejemplos: _Mis compañeros aprenden mucho en clase por la mañana._

Yo escribo cartas en la biblioteca los domingos.

¿QUIÉN(ES)?	¿QUÉ?	¿DÓNDE?	¿CUÁNDO?
(yo)	comer pizza	en casa	por la mañana
mis compañeros	deber estudiar	en clase	por la tarde
mis amigos y yo	aprender mucho	en el trabajo	por la noche
mi hermano / hermana	escribir cartas	en un restaurante	los domingos
mis padres / abuelos	hacer mucho	en la biblioteca	todos los días

_____

_____

_____

_____

_____

_____

_____

K. Información personal. Answer the following questions in complete sentences.

En casa

1. ¿Dónde vive usted? ¿Cuál es su dirección?

_____

_____

2. ¿Vive su familia en una casa o en un apartamento? ¿Es pequeño(a) o grande? ¿De qué color es?

_____

_____

3. ¿Cuántas personas viven en su casa o apartamento?

_____

_____

4. ¿Cómo se llaman las personas de su familia? ¿Quién comprende español en su familia?

_____

_____

5. ¿Cuándo come usted con su familia, por la mañana, por la tarde o por la noche?

_____

_____

6. Por la mañana, ¿bebe usted café, té o chocolate? ¿Come usted cereal? ¿Cuál es su cereal favorito?

_____

_____

En la escuela / universidad

7. ¿Dónde aprende usted español? ¿Aprende usted mucho o poco español en su clase?

_____

_____

8. ¿Lee y escribe usted en español? ¿Qué lee usted en español? ¿Qué lee usted en inglés? ¿Escribe usted pocas o muchas cartas?

_____

_____

9. ¿Estudia usted poco o mucho para sus exámenes de español? ¿Debe usted estudiar un poco más o estudia usted bastante?

_____

_____

10. ¿Qué bebe usted en la escuela (universidad) cuando come o cuando descansa? ¿Dónde descansa usted?

_____

_____

AUTOPRUEBA

Vocabulario

A. En la casa de los Camacho. Identify each person or animal.

1. José es el __*padre*__ y Pilar es la _____ de Anita.

2. Raúl es el _____ y Sara es la _____ de Anita.

3. Bandido es el _____ y Café es el _____ de los Camacho.

B. Los números. Write out the following numbers in Spanish.

41 _____   74 _____

52 _____   85 _____

63 _____   96 _____

C. Los colores. Write in Spanish the color named or the color that people usually associate with the following objects.

1. (lemon) _____   4. (school bus) _____

2. (elephant) _____   5. (paper) _____

3. (pig) _____   6. (black cat) _____

Gramática

A. ¿Cómo son? Describe the following people and animals, using the adjectives in parentheses.

Ejemplo: ___*José y Pilar son trabajadores*___ (trabajador)

1. Anita es una estudiante _____.   (mexicano)

2. Carlos es una persona _____.   (simpático)

3. Ellos son _____ y _____.   (joven, trabajador)

4. Café es un gato _____ y _____.   (grande, gordo)

5. Bandido y Café son animales _____.   (inteligente)

B. Una conversación. Complete the following conversation with the appropriate forms of the verb **tener,** possessive adjectives, or the article + noun + **de** + noun construction.

DOÑA PILAR: ¿Es _____ familia pequeña o grande, Ramona?

RAMONA: _____ familia es grande. Yo _____ cuatro hermanas.

DOÑA PILAR: ¿No _____ hermanos, Ramona?

RAMONA: No. _____ padres _____ cinco chicas. Perdón, ¿es _____ gato, señora

Camacho?

DOÑA PILAR: No. Es _____ gato _____ _____ hija *(daughter).*

C. Otra conversación. Complete the following conversation with appropriate forms of the verbs in the list.

leer   vivir   hacer   aprender

DIANA: ¿Dónde _____, Anita?

ANITA: Mi familia y yo _____ en México, D.F.

DIANA: ¿Qué _____ durante el día?

ANITA: Pues, _____ mucho en la UNAM donde aprendo mucho.

DIANA: _____ muchos libros, ¿verdad?

ANITA: Sí, pero los sábados mis amigos y yo _____ ejercicio.

Cultura

Read each of the following statements, then write **Sí** if it is correct or **No** if it is incorrect.

1. The Hispanic gesture for "Fantastic!" is the same as in Anglo culture. _____

2. The Hispanic gesture for "money" is the same as in Anglo culture. _____

3. Native speakers of English generally stand closer to each other than native Spanish speakers. _____

4. Direct eye contact is very important in Hispanic and Anglo cultures. _____

Nombre _____ Fecha _____

ANSWERS TO AUTOPRUEBA

Vocabulario

A. En la casa de los Camacho

1. madre
2. hermano, hermana
3. perro, gato

B. Los números

41 = cuarenta y uno
52 = cincuenta y dos
63 = sesenta y tres
74 = setenta y cuatro
85 = ochenta y cinco
96 = noventa y seis

C. Los colores

1. amarillo
2. gris
3. rosado
4. anaranjado o amarillo
5. blanco
6. negro

Gramática

A. ¿Cómo son?

1. mexicana
2. simpática
3. jóvenes, trabajadores
4. grande, gordo
5. inteligentes

B. Una conversación

DOÑA PILAR: tu
RAMONA: Mi, tengo
DOÑA PILAR: tienes
RAMONA: Mis, tienen, su
DOÑA PILAR: el, de mi

C. Otra conversación

DIANA: vives
ANITA: vivimos
DIANA: haces
ANITA: hago
DIANA: Lees
ANITA: hacemos

Cultura

Sí o No

1. No
2. Sí
3. No
4. Sí

Actividades y ejercicios orales
EN CONTEXTO

Mucho gusto. Listen to the following dialogue from the *En contexto* section in your textbook. The statements listed below are out of order. Place the information in chronological order according to the dialogue. Mark the first event as 1, the second as 2, etc.

⌐ **Hint:** Review the sentences you are expected to place in order before completing the exercise.

_____ Hablan de la UNAM.   _____ Anita le presenta a Carlos su familia.

_____ El perro entra en la casa.   _____ Anita es una profesora buena.

_____ El inglés es una lengua importante.

VOCABULARIO ÚTIL

A. La familia. You will hear some clues about family members. Based on what you know about Anita's family, decide which word best suits the clues. Circle the correct answer.

1. padre   hermano   bebé

2. hermano   perro   gato

3. hermana   gemela   madre

4. gemela   hermana   amiga

5. hermano   gemelo   padre

B. Más números. Anita Camacho studies several courses at the UNAM. For each of the following courses, write down the corrresponding student enrollment.

Curso	Número de estudiantes
turismo	_____
sicología	_____
geografía	_____
francés	_____
alemán	_____
inglés	_____

C. Los colores. Listen to the following descriptions. Circle the name of the object that would likely be the color mentioned.

1.	un tigre	unas plantas	una cinta
2.	la sangría	el chocolate	un limón
3.	un tomate	una computadora	el café
4.	un rinoceronte	una montaña	un taxi
5.	un taco	el océano	un dólar americano
6.	una ensalada	una rosa	un elefante

PRONUNCIACIÓN ESENCIAL

A. Word stress. A syllable is a word or part of a word pronounced with a single, uninterrupted sounding of the voice. For example, the word *el* has one syllable, and the word *padre* has two syllables: *pa-dre*. Word stress refers to the syllable that is most strongly stressed by the voice in a word. For example, in the word *padre*, the syllable *pa* is stressed. Spanish has three simple rules for word stress.

1. Words ending in a vowel or in *n* or *s* are stressed on the next-to-the-last syllable. Listen to the following sentences, and repeat after the speaker. Pay special attention to the word stress.

   ANITA: **Tie**nes dos her**ma**nas ge**me**las en **ca**sa, ¿no, **Car**los?
   CARLOS: Sí, A**ni**ta. Se **lla**man Ma**ri**sa y Cla**ri**sa. Son ge**me**las i**dén**ticas.
   ANITA: En mi fa**mi**lia **so**mos **cin**co: mis **pa**dres, un her**ma**no y **u**na her**ma**na.
   CARLOS: Tu **pa**dre es den**tis**ta y tra**ba**ja en el **cen**tro, ¿no, A**ni**ta?
   ANITA: Sí, y mi **ma**dre es arqui**tec**ta. Tra**ba**ja **mu**cho en **ca**sa.
   CARLOS: Mi **ma**dre tra**ba**ja **mu**cho en **ca**sa también. **Cui**da a mis her**ma**nas.

2. Words ending in a consonant other than *n* or *s* are stressed on the last syllable. Repeat the following sentences.

   —Se**ñor** Ca**bral**, ¿estudia us**ted** en una universi**dad** nacio**nal**?
   —Sí, en Guaya**quil**. Es una ciu**dad** del Ecua**dor**.
   —¿Cómo es su profe**sor** de espa**ñol**, el doc**tor** Ber**nal**?
   —Es intelec**tual**, conserva**dor** y muy profesio**nal**.

3. When the stress falls on a different syllable than that explained in rules No. 1 and 2, words have a written accent mark over their stressed vowel. Question words always carry a written accent. One-syllable words such as *tú* and *él* carry an accent mark to distinguish their grammatical category and their meaning. Repeat the following sentences.

   —Soy Carlos **Suá**rez. ¿**Có**mo te llamas **tú?**
   —Ra**úl Gó**mez Gutié**rrez**. ¿De **dón**de eres?
   —Soy de **Mé**rida, Yuca**tán**. ¿Eres de **Mé**xico, Ra**úl?**
   —**Sí**, soy de Mazat**lán**. Per**dón**, ¿**cuán**tas clases tienes?
   —Cuatro: in**glés**, **fí**sica, **cál**culo y computa**ción**. ¿Y **tú?**
   —Tengo tres: **quí**mica, biolo**gía** y ale**mán**. Son di**fí**ciles.

B. Los acentos. In the following example, the accent mark distinguishes the meaning and grammatical category. The first word is pronounced *término*, which means "the end," *termino* means "I finish," and *terminó* means "you, he, or she finished." In verb forms, accents indicate tense changes. Listen to the following words and repeat them. Notice the change in stress patterns.

Ejemplo: término   termino   terminó

Now listen to the words on your tape and circle the correct verb form.

1. hablo   habló   4. canto   cantó
2. llamo   llamó   5. cito   citó
3. trabajo   trabajó

GRAMÁTICA FUNCIONAL

A. A conocernos. You will hear Anita and Carlos describing their families. As you listen, circle the words that best describe each family member.

La familia de Anita

1. José es…	profesional	perezoso	responsable	bajo
2. Pilar es…	inteligente	bilingüe	ingeniera	bonita
3. Sara es…	estudiante	atlética	buena	simpática
4. Raúl es…	trabajador	alto	inteligente	cómico

La familia de Carlos

1. Su papá es…	bueno	profesional	perezoso	trabajador
2. Su mamá es…	baja	trabajadora	anciana	simpática
3. Marisa y Clarisa son…	buenas	simpáticas	gemelas	activas
4. Roberto es…	alto	perezoso	bilingüe	anciano

B. El pasado. While cleaning her closet, Anita's mother finds some old photographs. Listen as she talks about the family and friends. First, identify each of the photos. Then fill in the missing information about each person in Spanish. Not all of the blanks will be filled in.

1. NAME _____

2. CHARACTERISTICS _____

3. RESIDENCE _____

4. RELATIONSHIP TO ANITA _____

1. NAME _____

2. CHARACTERISTICS _____

3. RESIDENCE _____

4. RELATIONSHIP TO PILAR _____

1. NAME _____

2. CHARACTERISTICS _____

3. RESIDENCE _____

4. RELATIONSHIP TO PILAR _____

1. NAME _____

2. CHARACTERISTICS _____

3. RESIDENCE _____

4. RELATIONSHIP TO PILAR _____

C. La familia de Carlos. Carlos Suárez is talking about his family. Listen to his description and fill in the blanks with the missing words.

Hay seis personas en _____ familia. Vivimos en Mérida, Yucatán, y _____

casa es grande y cómoda. Ahora yo estudio en la UNAM pero mi madre me _____ cartas

con noticias de la familia. Mi hermano Roberto _____ un trabajo en un hotel de Cancún y

_____ esposa trabaja en el mismo lugar. _____ hermanas gemelas son pequeñas pero _____ todos los días. Clarisa _____ un poquito y Marisa

_____ proyectos de arte. Mis padres están contentos con todos _____

hijos.

D. Aprendo ciencias. Anita brings home some students from the UNAM. Her Aunt
Teresa happens to be visiting, and she is curious about the students' habits. Answer her
questions orally in a logical manner.

L
E
C
C
I
Ó
N

3

¡Quieres salir conmigo?

Actividades y ejercicios escritos

EN CONTEXTO

Una invitación

Read the conversation between Anita and Carlos in the *En contexto* section on page 71 of your textbook. Then, based on what you read, match the following statements in the left-hand column with their appropriate definition in the right-hand column

1. Es el centro de la Ciudad de México.   a. "Oye."

2. Es un centro cultural en la Ciudad de México.   b. "Bueno."

3. Es un parque grande y bonito en México, D.F.   c. el Zócalo

4. Es una zona comercial elegante en México, D.F.   d. Chapultepec

5. Es una expresión de contestar el teléfono en México. e. la Zona Rosa

6. Es una expresión para atraer la atención en español. f. Bellas Artes

VOCABULARIO ÚTIL

Los pasatiempos

A. Cada uno con su pasatiempo. Identify each leisure-time activity in the drawings that follow.

Ejemplo: _bailar en las fiestas_

1. _____

2. _____

3. _____

4. _____

5. _____

6. _____

7. _____

8. _____

9. _____

B. Mis pasatiempos favoritos. Write sentences that describe what you like to do, where, with whom, and when by using one element from each of the four categories shown in the chart.

Ejemplo: Me gusta bailar en las fiestas con mi novio los sábados.

¿QUÉ?	¿DÓNDE?	¿CON QUIÉN?	¿CUÁNDO?
bailar	en casa	mis amigos	los viernes
ir de compras	en el cine	mi amigo(a)	los sábados
ver películas	en mi auto	mi novio(a)	los domingos
escuchar música	en mi ciudad	mi mamá / papá	por la tarde
mirar la televisión	en las fiestas	mi hermano(a)	por la noche

_____

_____

_____

_____

_____

_____

_____

_____

_____

C. ¿Quieres salir conmigo? Write a short telephone conversation between you and a Spanish-speaking friend. Invite him or her to go with you to the musical announced in the ad to the right. Be sure to state the day, time, and place of the activity. Your friend should accept or decline the invitation. Try to make the conversation flow as naturally as possible.

_____

_____

_____

_____

_____

_____

_____

_____

_____

_____

_____

> **Atajo**
>
> **Functions:** Talking on the phone; greeting; saying goodbye; inviting; accepting and declining; thanking
> **Vocabulary:** Days of the week; time expressions; time of day

Los meses del año

D. Un poema. Read the poem. Then complete the paragraph.

Treinta días trae noviembre,

con abril, junio y septiembre;

veintiocho o veintinueve, uno,

y los otros, treinta y uno.

El poema indica que los meses con treinta días son _____, _____,

_____ y _____. Los meses que tienen treinta y un días son

_____, _____, _____, _____,

_____, _____ y _____. El mes que tiene veintiocho o

veintinueve días es _____.

E. ¡Feliz cumpleaños! *(Happy Birthday!)* Write the dates on which the following people celebrate their birthday.

Ejemplo: El cumpleaños de mi hermano es ___*el 12 de abril*___.

1. Mi cumpleaños es _____.

2. El cumpleaños de mi papá es _____.

3. Mi mamá celebra su cumpleaños _____.

4. Mi hermano(a) tiene su cumpleaños _____.

5. El cumpleaños de mi mejor amigo(a) es _____.

Los deportes

F. Panorama deportivo. Based on your knowledge of English and Spanish, your knowledge of sports, and the stylized drawings in the announcement below, write the Spanish equivalent of the following sports.

rowing

_____

fencing

_____

biathlon

_____

swimming

_____

car racing

_____

ice hockey

_____

field hockey

_____

horsemanship

_____

bicycle racing

_____

target shooting

_____

Atletismo
Pista de rekortan Estadio Nacional. 9.15 horas: Octagonal Escolar Mixto.
Palacio de Bellas Artes. 10 horas: Largada de la Posta de Santiago. Escolares y todo competidor.

Automovilismo
Colina. 14 horas: 6ª fecha del Campeonato Nacional de Citrocross.

Básquetbol
6ª fecha de la 2ª rueda del torneo Dimayor. Partidos en Concepción, Temuco, Valdivia, Osorno, Puerto Mont y Ancud.

Biatlón
Lo Barnechea-La Dehesa. 11 horas: 5ª fecha del Biatlón Fatabella-Nike.

Ciclismo
9 horas. Dobel Llay-Llay. 170 kilómetros. Largada frente a la Cervecera Santiago (Panamericana Norte) y meta en La Pirámide. Categorías A, B, C y Juniors. Organiza U. Católica.

Ecuestre
Escuela de Carabineros (Antonio Varas 1842). 9 horas: Campeonato de categoría especial y regional de Amazonas.
Escuela la Caballería. (Quillota). 9 horas: Concurso Completo de Equitación y Concurso Hípico Regional.

Esgrima
Gimnasio de la Federación (Tarapacá 739). 10 horas: Torneo de Posta por Equipos. Cuatro armas.

Hockey-patín
Gimnasio El Llano (San Miguel). 14 horas: Final del Campeonato Indoor por equipos, de carreras sobre patines.
Cancha UMCE (Luis Bisquert 2765). 11:30 horas: Torneo Internacional selección nacional adulta con Colón de San Juan de Argentina.

Hockey-césped
Country Club (Las Arañas 1901). 11 horas: 5ª fecha de la 2ª rueda del Torneo de Federación. Partidos en Country Club de Concepción y Valparaíso Sporting Club. 1ª división varones.

Motociclismo
Autódromo Las Vizcachas (Camino a San José de Maipo). 14 horas: 6ª fecha del Campeonato Nacional de Velocidad. Todas las categorías.

Natación
Escuela Militar. 13 horas: Campeonato Nacional de nado sincronizado, figuras.

Remo
Laguna San Pedro de Concepción. 9 horas: Cotejo Campeonato S.A. adultos. Participarán Valdivia, Valparaíso, y Concepción.

Rodeo
Medialuna del Club de Rodeo de Buin (Carretera Panamericana Sur km. 38). 3er Campeonato de Rodeo Inter-universidades y de la Educación Superior. Homenaje al sesquincentenario de la Sociedad Nacional de Agricultura.

Rugby
Campeonato de Chile. 16 horas: Cancha Country Club, Valparaíso Sporting con Pehuén; y cancha Stade Fracais. Cobs con Stade Francais.

Squash
Club de Hans Guildemeister (Escrivá de Balaguer). 9 horas: 6ª fecha del Campeonato Nacional de Squash.

Tenis
Rancagua (Club ANSCO), 12 horas: final del Viceroy Tennis Cup. Categoría Escalafón, varones.

Tiro al blanco
Polígono La Reina (Alvaro Casanova 311). 10 horas: Control de Pistola Stándar. Todas las categorías.

track (running)

_____

motorcycle racing

_____

G. Mis preferencias. Write a paragraph about the sports you like and dislike, using the following model. Write your paragraph on the lines provided.

En general, (me gustan / no me gustan) los deportes. Mi deporte favorito es (el básquetbol / el béisbol / el fútbol americano / el fútbol / el vólibol / el hockey / el golf / el tenis / el ciclismo / la natación / la pesca / el esquí / el patinaje). Me gusta jugar al (básquetbol / béisbol / …) con _____ en (un parque / un gimnasio / mi escuela / mi universidad). Nos gusta jugar los (lunes / martes /… / fines de semana) _____ por la (mañana / tarde / noche). Un deporte que no me gusta es (el / la) _____ porque (no es interesante / es difícil).

_____

_____

_____

_____

_____

_____

_____

_____

_____

Atajo

Functions:	Expressing an opinion; linking ideas
Vocabulary:	Sports; days of the week; months

GRAMÁTICA FUNCIONAL

Present Tense of the Verb *ir*

A. Entre hermanos. Complete the following conversation between Anita and her brother by using the appropriate form of the verb **ir.**

ANITA: ¿Adónde _____, Raúl?

RAÚL: _____ al parque con mi amigo Manolo.

ANITA: ¿Qué _____ a hacer ustedes allí?

RAÚL: _____ a jugar al fútbol. ¿Quieres _____ a jugar con nosotros?

ANITA: No, gracias. Carlos y yo _____ al cine ahora.

RAÚL: ¿_____ Sara con ustedes?

ANITA: No. Ella _____ con mamá. Ellas _____ de compras.

B. ¿Qué van a hacer? Complete the following sentences using an appropriate form of the verb **ir + a, al** or **a la.**

Ejemplo: (Yo) __Voy a la__ casa de Anita mañana.

1. (Yo) _____ escribir este ejercicio. Después, (yo) _____.

2. Carlos y Anita _____ UNAM. Primero, _____ biblioteca

   para estudiar inglés. Luego, _____ nadar en la piscina de la universidad.

3. Sara, tú _____ colegio con Raúl. Esta noche ustedes _____

   cine para ver una película de Disney, ¿no?

4. Pilar _____ piscina para nadar con sus compañeras de oficina. Después, ellas

   _____ comer en un restaurante.

C. Mis planes. First, complete the following calendar by writing the name of the current month in Spanish, and by writing in its number of days. Second, write notes in Spanish that describe what you plan to do on certain days of that month. Third, on a separate piece of paper write a paragraph in Spanish about your plans for the month, according to the notes you wrote on the calendar.

LUNES	MARTES	MIÉRCOLES	JUEVES	VIERNES	SÁBADO	DOMINGO

Present Tense of Other Verbs With Irregular *yo* Forms

D. Carlota Martínez: Atleta. Complete the following paragraph by writing the correct **yo** form of the verbs in the list that fit the context.

ir	dar	salir	poner	traer
ser	tener	hacer	saber	conocer

Me llamo Carlota Martínez. _____ una amiga de Anita Camacho.

_____ treinta años. Los sábados por la mañana _____ de casa y

_____ al Parque Minerva para correr. Frecuentemente, cuando

_____ ejercicio _____ música rock, porque me gusta mucho. En el

parque _____ a otras personas que montan en bicicleta, corren y caminan.

_____ jugar al tenis bien porque _____ lecciones en mi universidad.

E. Preguntas personales. Answer the following questions in complete sentences.

¡A trabajar!

1. Normalmente, ¿a qué hora sale usted para sus clases?

   _____

2. ¿A qué hora va usted a su clase de español?

   _____

3. ¿A quién conoce usted bien en su clase de español?

   _____

4. ¿Conoce usted un poco o bien a su profesor(a) de español?

   _____

5. ¿Sabe usted más o menos de cincuenta palabras en español?

   _____

6. ¿A qué hora sale usted de su clase de español?

   _____

7. Luego, ¿qué hace usted?

   _____

¡A descansar!

1. Normalmente, ¿qué hace usted los fines de semana?

    _____

2. ¿Hace usted poco o mucho ejercicio?

    _____

3. ¿Cuándo y dónde hace usted ejercicio?

    _____

4. ¿Pone usted música cuando camina o corre?

    _____

5. ¿Cuándo da usted fiestas en su casa?

    _____

6. ¿Con quién le gusta ir a fiestas?

    _____

Uses of *saber* and *conocer*

F. La abuela de Anita. Complete the following conversation using correct verb forms of either **saber** or **conocer**.

ANITA: Tú _____ tocar muy bien la guitarra, Carlos.

CARLOS: Gracias, Anita. Y tú _____ cantar bien.

ANITA: Gracias. Oye, ¿quieres _____ a mis abuelos? Mi abuela toca la guitarra también.

CARLOS: Sí, con mucho gusto. Yo _____ que ella tiene ochenta y dos años, ¿verdad?

ANITA: Sí, y _____ tocar bien la guitarra. ¿ _____ qué, Carlos? Ella

toca mejor que tú.

CARLOS: ¡Bien! Quiero _____ a tu abuela. Voy a aprender mucho de ella.

G. Los deportes. Answer the questions below in complete Spanish sentences.

1. ¿Qué deportes sabe usted jugar?

    _____

2. ¿Cuál es un deporte que usted no sabe jugar bien?

    _____

3. ¿Conoce usted el jai-lai? ¿el hockey-patín? ¿el rugby?

_____

4. ¿Cómo se llama un(a) atleta a quien usted conoce?

_____

5. ¿Qué deporte sabe él o ella jugar bastante bien?

_____

The Personal *a*

H. Dos profesores de Anita. Complete the following conversation between two professors by writing the preposition *a* on the appropriate lines when necessary.

DR. GARCÍA: ¿Conoces _____ Carlos Suárez y _____ Anita Camacho?

DR. GÓMEZ: Pues, conozco _____ Anita, pero no _____ Carlos.

DR. GARCÍA: Carlos es _____ un estudiante de ingeniería nuclear.

DR. GÓMEZ: ¡Qué interesante! ¿Cuántos años tiene _____ Carlos?

DR. GARCÍA: Tiene veintitrés. Es de Mérida, Yucatán.

DR. GÓMEZ: Ah, ¿sí? Conozco _____ Mérida un poco. Mi tío vive allí.

DR. GARCÍA: ¿Le escribes frecuentemente _____ tu tío?

DR. GÓMEZ: No, pero hablamos por teléfono con frecuencia.

The Verb *gustar* + Infinitive

I. ¿Qué les gusta hacer? Describe what Anita, her family, and their pets like by completing the following sentences with **le** or **les.**

1. A Sara _____ gusta mirar la televisión.

2. A Anita _____ gusta salir al cine con Carlos.

3. A los animales _____ gusta comer y descansar.

4. A Raúl _____ gusta jugar al fútbol con sus amigos.

5. A los abuelos de Anita _____ gusta jugar a las cartas.

6. A los padres de Anita _____ gusta visitar a sus padres.

J. Entre amigos. Complete the following conversation by using **me, te, le, nos,** and **les** appropriately.

    CARLOS: ¿Qué deportes _____ gusta practicar, Anita?

    ANITA: _____ gusta jugar al tenis y correr en el parque.

    CARLOS: También _____ gusta correr a mi hermano y a su esposa.

    ANITA: ¿A ella _____ gusta hacer mucho ejercicio como nosotros?

    CARLOS: Sí, pero a nosotros _____ gusta hacer más ejercicio.

K. Nuestros gustos. Describe what you, your family, and friends like to do by completing the following paragraphs, then rewriting them in their entirety on the lines provided. Use only the Spanish words and phrases you know; do not consult a dictionary.

Me gusta hacer diferentes actividades durante la semana. Por ejemplo, los lunes (martes / ...) me

gusta _____. Los (sábados / domingos) _____. A mi papá le gusta

_____ y a mi mamá _____. Los fines de semana a mi(s)

hermano/a(os/as) le (les) gusta _____. A mis abuelos _____. A mis

amigos y a mí nos gusta _____. A mi mejor amigo(a) le gusta _____ .

_____

_____

_____

_____

_____

_____

_____

_____

_____

_____

L. Situación. Imagine that you are at a party where you meet a famous soccer player from a Spanish-speaking country. Write a conversation in which you...

- introduce yourself.
- say where you are from.
- ask the player his or her name.
- find out where she or he is from.
- inquire about what the player likes.
- express some things you enjoy doing.

_____

_____

_____

_____

_____

_____

_____

_____

_____

_____

_____

_____

_____

_____

Atajo

Functions:	Greeting; saying goodbye; introducing; asking information; thanking
Vocabulary:	Sports; leisure
Grammar:	Verbs: Infinitive

AUTOPRUEBA

Vocabulario

A. Los pasatiempos. Match the verbs in the left column with an appropriate phrase in the right column.

Ejemplo: ir → ___ir al cine___

1.	ver	fotos
2.	sacar	la guitarra
3.	jugar	a las cartas
4.	tocar	a los abuelos
5.	bailar	con música rock
6.	visitar	películas en video

B. Los meses. Write in Spanish the name of the month in which North Americans celebrate the following holidays.

1. Christmas _____   3. Valentine's _____

2. Halloween _____   4. New Year's _____

C. Los deportes. Match the verbs in the left column with an appropriate phrase in the right column.

1.	hacer	al tenis
2.	jugar	ejercicio
3.	nadar	a caballo
4.	montar	en bicicleta
5.	montar	en la piscina

Gramática

A. Entre amigos. Complete the following conversation with appropriate present tense forms of the verb **ir.**

ANITA: ¿Adónde _____ este fin de semana, Carlos?

CARLOS: _____ al parque para estudiar. ¿Por qué no _____ conmigo?

ANITA: No, gracias. Mi mamá y yo _____ de compras.

CARLOS: ¿No _____ tu papá con ustedes?

ANITA: No, porque mi papá, Raúl y Sara _____ al cine.

B. Un joven contento. Complete the following paragraph with **yo** forms of appropriate verbs chosen from the list.

ir	ser	estar	tener	hacer
dar	saber	salir	poner	conocer

Yo _____ con mis amigos frecuentemente. _____ muchas cosas con ellos.

_____ a muchas fiestas y _____ fiestas en casa. _____ mucha música rock en las

fiestas. Claro que _____ a muchas personas y muchos lugares. Yo _____ que _____

tiempo para hacer muchas cosas porque _____ joven. _____ muy contento.

C. ¿Qué les gusta? Complete the following paragraph with appropriate pronouns: **me, te, le, nos, les.**

A Carlos y a Anita _____ gusta estudiar juntos. A Sara _____ gusta jugar con su perro. A

mis amigos y a mí _____ gusta bailar. ¿Qué _____ gusta a ti, amigo(a)?

Cultura

Circle the word(s) that best complete each statement below.

1. Latin Americans often begin a conversation with a few words praising a person's (car / parents / city).

2. People in the U.S. and Canada often begin a conversation by talking about a person's (work / hometown / parents).

ANSWERS TO AUTOPRUEBA

Cultura

A. Los pasatiempos

1. ver películas en video
2. sacar fotos
3. jugar a las cartas
4. tocar la guitarra
5. bailar con música rock
6. visitar a los abuelos

B. Los meses

1. diciembre
2. octubre
3. febrero
4. enero

C. Los deportes

1. hacer ejercicio
2. jugar al tenis
3. nadar en la piscina
4. montar a caballo (en bicicleta)
5. montar en bicicleta (a caballo)

Gramática

A. Entre amigos

vas, Voy, vas, vamos, va, van

B. Un joven contento

salgo, Hago, Voy, doy, Pongo, conozco, sé, tengo, soy, Estoy

C. ¿Qué les gusta?

les, le, nos, te

Cultura

1. city

2. work

Actividades y ejercicios orales

EN CONTEXTO

La invitación. Listen to the following dialogue. From what is said, complete the statements.

1. Carlos quiere salir…

   a. el domingo.   b. mañana.   c. esta noche.

2. Anita habla con Carlos…

   a. por teléfono.   b. en el parque.   c. en el concierto.

3. Anita acepta la invitación para ir…

   a. al cine.   b. al concierto.   c. a Chapultepec.

4. Anita y Carlos van a viajar…

   a. en autobus.   b. en metro.   c. en taxi.

VOCABULARIO ÚTIL

A. Un fin de semana. Anita and Carlos are planning some weekend activities. Listen to their conversation and write **Sí** beside the activities they will do and **No** beside the activities that they don't want to do. Not all the activities will be discussed.

⌐ **Hint:** Look over the activities before listening to the tape. Try to identify all the pictures so that you will more easily understand the conversation.

_____

_____

_____

_____

B. Música para todos los gustos. Listen to the following conversation between Anita and her friends, Margarita and Juan, as they discuss what music they are going to buy. Then select the phrase that best completes each statement.

1. El Sonido Mágico es…
   a. un restaurante.
   b. una boutique de música.
   c. un supermercado.

2. Juan compra un disco compacto para…
   a. su madre.
   b. su padre.
   c. su hermana.

3. A Margarita le gusta escuchar la música…
   a. romántica.
   b. rock.
   c. clásica.

4. Andrés Segovia es…
   a. poeta.
   b. artista.
   c. guitarrista.

C. La fiesta de Anita. Ángela, a good friend of Anita Camacho, is at a party at Anita's house. Ángela is from the United States, and many people inquire about her holiday customs and activities. Based on the brief exchanges, decide which months they are discussing. Circle the appropriate month.

1. noviembre   febrero   abril
2. abril   septiembre   julio
3. septiembre   octubre   diciembre
4. enero   mayo   junio
5. octubre   noviembre   julio
6. febrero   marzo   abril

⌐ **Hint:** Look at the visual cues provided to aid you in responding.

D. Los deportes. You will hear a series of descriptions about sports. Based on your knowledge of sports and verbal cues provided, write the corresponding statement number below the sport. Not all the sports shown will be mentioned.

béisbol   esquí

_____   _____

tenis   vólibol

_____   _____

básquetbol   fútbol

_____   _____

boxeo

_____

PRONUNCIACIÓN ESENCIAL

Linking words. Spanish speakers do not pronounce words as isolated elements. Instead, they link words together without interrupting the flow of sound.

1. A final consonant is linked with the initial vowel of the next word. Two identical consonants coming together are pronounced as a lengthened one. Listen to the following sentences.

   —¿Quieres‿salir‿el sábado? Corremos‿en‿el parque.

   —Ay, los‿sábados‿son difíciles para mí. ¿Quieres‿ir‿el‿lunes?

   —Sí, el‿lunes‿es perfecto, Carlos. Corremos‿en la tarde.

Now repeat the sentences after the speaker. Pay special attention to linking the final consonant with the initial vowel of the following word.

2. A final vowel is linked with the initial vowel of the next word. Two identical vowels coming together are pronounced as one. Listen to the following sentences.

—¿Te gusta‿escuchar música rock, Carlos?

—Sí,‿y me gusta tocar la guitarra‿y cantar.

—También tocas otro‿instrumento, ¿no?

—Sí,‿Anita… la‿armónica, pero no muy bien.

—Hoy‿hay‿una fiesta‿en la‿universidad. ¿Quieres ir?

—No puedo‿hoy. Voy‿a‿estudiar inglés aquí‿en casa.

Now repeat the sentences, paying special attention to the vowel sounds.

GRAMÁTICA FUNCIONAL

A. El horario de Consuelo. Consuelo, doña Pilar's friend, has forgotten her appointment book *(agenda)* and calls her secretary at the Oficina de Turismo. Fill in the appointments as you hear the appropriate information.

OCTUBRE

Fecha _____

HORAS	ACTIVIDADES

B. Los pasatiempos. The columns below list locations and corresponding activities. After each location is stated, give the logical activity that you do there.

Ejemplo: la universidad

<u>Estudio en la universidad.</u>

Lugares	Actividad
1. la fiesta	escuchar música
2. la casa	bailar
3. el parque	esquiar
4. el concierto	mirar la televisión
5. la piscina	correr
6. las montañas	nadar

C. El álbum familiar. Anita is showing Carlos some pictures in her photo album. You will hear her say something about each picture. Number each picture that she mentions with the appropriate numeral.

D. Una mañana típica. Listen as Ángela describes a typical morning and answer the following questions based on what she says.

1. ¿A qué hora sale de casa?

   _____

2. ¿Adónde va en metro?

   _____

3. ¿Qué hace en la biblioteca?

   _____

4. ¿Qué clase le gusta mucho?

   _____

5. ¿Qué no le gusta de la universidad?

   _____

6. ¿Adónde va después de las clases?

   _____

7. ¿Qué deporte le gusta?

   _____

L
E
C
C
I
Ó
N

4

Abuelita, ¡cómo te gustan las telenovelas!

Actividades y ejercicios escritos

EN CONTEXTO

¿Quiénes son?

Lea el párrafo y la conversación en la sección *En contexto* en la página 95 de su libro de texto. Luego, basado en lo que usted leyó, empareje *(match)* cada nombre de la primera columna con su identidad de la segunda columna.

1.	Ceci	a.	actor de telenovelas
2.	Beti	b.	novia de Tomás Velarde
3.	Memo	c.	estudiante de hotelería
4.	Elena	d.	hermana de Lorena y Tomás
5.	Lorena	e.	tía de Beti, Tomás y Lorena
6.	Matilde	f.	sobrino de los niños Velarde
7.	Alejandro	g.	abuela de Tomás, Lorena y Beti

VOCABULARIO ÚTIL

A. La familia de Lorena. Complete la descripción de Lorena con palabras de la siguiente lista.

tía	madre	abuela	hermana
tío	menor	casado	hermano
hijo	padre	sobrino	parientes
viuda	primos	soltera	divorciada

¡Hola! Me llamo Lorena. Tengo veintitrés años y soy _____soltera_____. Somos diez personas

en casa. Tengo muchos _____ aquí en San Felipe.

Mi _____ se llama Juan y mi _____ se llama Rosa. También

tengo tres hermanos. Roberto es mi _____ mayor y Tomás es mi hermano

_____. Mi _____ se llama Beti, y tiene catorce años.

Roberto está _____ con mi cuñada Silvia. Ellos tienen un

_____ que se llama Memo, y es mi _____.

También tengo una _____ que se llama Elena. Ella está _____

de mi _____ Jorge. Ellos no tienen niños y, por eso, no tengo _____.

Finalmente, tengo una _____ que se llama Matilde. Ella es

_____. No tengo otros abuelos.

B. La familia Herrera.
Complete las siguientes oraciones con las palabras apropiadas que identifican a las personas de la familia Herrera y su estado civil.

Héctor Herrera Martínez ♥ Ana Gómez de Herrera†

Gustavo Fuentes Arroyo ♥ Lisa Herrera de Fuentes — Pepe Herrera Gómez ✖ Carmen Azuela de Herrera

María Fuentes Herrera — Diego Fuentes Herrera — Pedro Herrera Azuela

Héctor y Ana estaban (*were*) casados, pero ahora él es _____. Ellos tienen una

_____, que se llama Lisa, y un _____ con el nombre de Pepe. Ana es la

_____ de Pepe y Lisa, y Héctor es su _____.

Lisa está _____ con Gustavo Fuentes, y con él tiene dos niños: María y Diego. Pepe

está _____ de su esposa Carmen; ellos tienen un _____, que es Pedro.

Héctor es el _____ de María, Diego y Pedro, y ellos son sus

_____. Gustavo es el _____ de Pedro y Lisa es su

_____; Pedro es su _____. Por eso (*Therefore*), Pedro tiene dos

primos: María es su _____ y Diego es su _____.

Héctor es el _____ de Gustavo y Carmen. Gustavo es el _____ de

Pepe, y Carmen es la _____ de Lisa. Pepe es el _____ de Héctor, y Carmen

es la _____ de Héctor.

C. ¿Y usted? En un párrafo describa a su familia, siguiendo el modelo del Ejercicio A.

MI FAMILIA

¡Hola! Me llamo _____. Tengo _____ años y... _____

_____

_____

_____

_____

_____

Ahora continúe su descripción en otro párrafo. Use adjetivos de características físicas y de personalidad para describir cómo son sus parientes. Por ejemplo, *Mi padre es alto, delgado y muy trabajador.*

_____

_____

_____

_____

_____

Atajo

Functions:	Describing people
Vocabulary:	Family members; personality
Grammar::	Verbs: *tener*

D. ¿Recuerda usted? *(Do you remember?)* Describa a la familia de Anita Camacho, usando la información que usted recuerda de las Lecciones 1, 2 y 3.

La Familia de Anita Camacho

_____

_____

_____

_____

GRAMÁTICA FUNCIONAL

Present Tense of Verbs With Stem-Vowel Change: e → ie

A. Una invitación al cine. Complete las dos conversaciones con la forma apropiada de los siguientes verbos: **venir, tener, pensar, querer, preferir, comenzar.**

— _____ ir de compras esta noche. ¿ _____ ir conmigo, tía?

—No, gracias. En quince minutos _____ mi novio, Marcelo. Nosotros

_____ ir al cine.

—¿_____ ustedes caminar al cine?

—No, Marcelo _____ un auto nuevo. ¿Por qué no _____

con nosotros, Lorena?

—Pues, ¿a qué hora _____ la película?

—En media hora.

—No, gracias, tía. Yo _____ ir de compras.

. . . .

—Hola, Marcelo. ¡Qué bonito auto _____!

—Gracias, Lorena. ¿ _____ ir al cine con Elena y conmigo?

—No, gracias. _____ ir de compras esta noche.

—Pero la película es buena porque _____ mucha acción y suspenso.

—La película _____ en quince minutos, ¿verdad?

—Sí. No hay problema… aquí _____ mi auto, ¿sabes?

—Bueno… eres muy simpático, Marcelo. Gracias.

—De nada.

B. Descripciones. Mire las ilustraciones y responda a las preguntas, como en el ejemplo.

Ejemplo: ¿A qué hora comienza Juan su trabajo?

Juan comienza su trabajo a las nueve

de la mañana.

1. a. ¿Qué quiere Beti? ¿Qué tiene en las manos? _____

   _____

   b. ¿Qué prefiere la prima de Beti? ¿Qué tiene ella en la mano? _____

   _____

2. a. ¿Qué quieren hacer Silvia y Memo ahora? _____

   _____

   b. ¿Qué piensan hacer en una hora? _____

   _____

   c. ¿Dónde prefieren comer? ¿A qué hora comienzan a comer? _____

   _____

C. ¡Y usted? Conteste las siguientes preguntas en oraciones completas.

1. ¿Tiene usted muchos o pocos parientes? ¿Prefiere usted tener más parientes? ¿Por qué? ¿Vienen ellos con poca frecuencia o con mucha frecuencia a su casa?

   _____

   _____

   _____

2. ¿Cuántos hermanos y hermanas tiene usted? ¿Cómo se llaman y cuántos años tienen? ¿Quiere usted más hermanos? ¿Por qué? ¿Quiere más hermanas? ¿Por qué?

_____

_____

_____

_____

_____

_____

_____

3. ¿A quién quiere usted mucho en su familia? ¿Qué prefieren hacer usted y él (ella) los fines de semana?

_____

_____

_____

_____

_____

_____

_____

Present Tense of the Verb *estar*

D. Tomás y Enrique. Complete la siguiente conversación entre Tomás Velarde y su amigo Enrique, usando formas apropiadas del verbo **estar.**

—¡Hola, Tomás! ¿Cómo _____?

—Hola, Enrique. Pues, hoy _____ muy contento. Una de mis tías y dos primos de

Caracas _____ aquí en San Felipe ahora.

—¡Qué bien!

—Sí, pero mi tía Claudia _____ un poco preocupada.

—¿Por qué, Tomás?

—Porque mi primo Manuel _____ enfermo.

—¿Dónde _____ tu primo ahora?

—_____ en una clínica con mi tía. Pero creo que Manuel va a

_____ bien. Y tu familia, ¿cómo _____, Enrique?

—Todos _____ bien, gracias.

E. Preguntas personales. Conteste las siguientes preguntas en oraciones completas.

1. ¿Cómo está usted hoy? Y su familia, ¿cómo está? ¿Dónde está su familia en este momento?

_____

_____

_____

2. ¿Está usted cansado(a) ahora? ¿Cuándo está usted muy cansado(a)?

_____

_____

3. ¿Está usted ocupado(a) esta semana? ¿Qué debe usted hacer hoy? ¿Qué prefiere usted hacer hoy?

_____

_____

_____

4. En general, ¿está usted triste o contento? ¿Por qué?

_____

_____

Idioms With *tener*

F. Condiciones físicas y emocionales. Para aprender más sobre la familia
Velarde, complete las siguientes oraciones con la forma correcta del verbo **tener** y un
sustantivo apropiado.

1. Doña Matilde _____ _____ ; ella va a descansar en el sofá por

   media hora.

2. Memo está enfermo ahora, pero su mamá no sabe qué hacer; ella _____

_____ .

3. Beti y Tomás Velarde son jóvenes; ella _____ catorce _____, y él

_____ dieciocho _____ .

4. Juan _____ _____ porque son las ocho menos cuarto y él debe

llegar a su trabajo a las nueve.

5. Esta noche Elena va a salir a comer con Eduardo, un viejo amigo del colegio. Ahora el novio

de Elena _____ _____ de Eduardo.

G. ¡Y usted y su familia? Describa las condiciones físicas y emocionales de usted y de unas personas de su familia, usando las siguientes expresiones idiomáticas.

tener # años	tener prisa
tener celos	tener sueño
tener miedo	tener ganas de

Ejemplos: Tengo veintitrés años y mi novio tiene veinticinco años.

Mi hermana tiene miedo hoy porque está preocupada

por un examen de biología.

_____

_____

_____

_____

_____

_____

_____

Present Progressive Tense

H. ¿Qué están haciendo? Complete las oraciones, usando una forma del verbo estar con un participio presente de un verbo apropiado de la lista.

leer	sacar	mirar	escuchar
beber	tocar	hablar	escribir
comer	hacer	correr	descansar

1. Es sábado por la mañana. Tomás __está hablando__ por teléfono con su novia Ceci. Ella

_____ _____ en el sofá.

2. Son las nueve de la noche. Elena y doña Matilde _____

_____ la televisión ahora. Elena _____

_____ un sandwich y doña Matilde _____

_____ una taza *(cup)* de chocolate.

3. Es martes por la noche. Silvia _____ _____ una carta, su

esposo Roberto _____ _____ un libro en el sofá y su hijo

_____ _____ la radio.

4. Es domingo por la tarde. Lorena, Beti, Tomás y su sobrino Memo están en un parque. Memo

_____ _____ con su perro, Beti _____

_____ ejercicio, Tomás _____ _____

su guitarra, y Lorena _____ _____ fotos de ellos.

I. Una familia ocupada. ¿Qué están haciendo Lorena y las otras personas de su familia a la hora indicada?

Ejemplo: Elena camina a su trabajo por la mañana.

→ 8:00 *Son las ocho de la mañana. Elena está caminando a su trabajo.*

1. Cada mañana a Memo le gusta jugar con su perro Frosti.

→ 8:00 _____

2. Beti y Tomás regresan del colegio para comer con su familia.

→ 13:30 _____

3. Normalmente, la familia Velarde come a las dos de la tarde.

→ 14:00 _____

4. Lorena sale con sus amigos los viernes por la noche.

→ viernes, 20:00 _____

5. Cada noche Roberto y Silvia leen en el sofá.

→ 21:00 _____

6. A veces, Rosa María escribe cartas a medianoche.

→ 24:00 _____

J. ¡Todo no es trabajo! En un párrafo, describa lo que está haciendo cada persona de la familia Velarde.

Roberto y Silvia están hablando.

_____

_____

_____

_____

_____

K. Mi familia. Escriba dónde están las siguientes personas y describa lo que están haciendo en este momento.

Ejemplo: mi abuelo

> Ahora mi abuelo está en casa. Está mirando la televisión.

1. mi primo(a) _____

    _____

2. mi tío(a) _____ (nombre) _____

    _____

3. uno(a) de mis sobrinos(as) _____

    _____

4. mi abuelo(a) _____ (nombre) _____

    _____

5. (otra persona de mi familia) _____

    _____

6. yo _____

AUTOPRUEBA

Vocabulario

Los parientes. Complete los siguientes párrafos con palabras apropiadas de la lista.

tíos	yerno	nietos	marido	sobrino
hija	cuñado	primos	suegros	sobrina

Bernardo e Isabel son _____ y esposa. Pancho es su hijo y Josefina es su _____.

César y Sarita son los padres de Isabel. Josefina y Pancho son los _____ de César y Sarita.

Bernardo tiene un hermano que se llama Beto. Él está casado con Juanita. Beto y Juanita son los

_____ de los niños de Bernardo e Isabel; Pancho es su _____ y Josefina es su

_____. Beto y Juanita tienen dos hijos, que son los _____ de Pancho y Josefina.

Pancho es soltero, pero su hermana Josefina está casada con Guillermo. Por eso, Guillermo es el

_____ de Bernardo e Isabel, quienes son sus _____. Pancho es el _____ de

Guillermo.

Gramática

A. Entre novios. Complete la siguiente conversación con formas del presente de los verbos apropiados de la lista.

tener	querer	comenzar
venir	pensar	preferir

TOMÁS: ¿Qué _____ ganas de hacer hoy, Ceci?

CECI: _____ ganas de ir al cine. ¿Qué _____ hacer tú?

TOMÁS: _____ ir al cine también. Hay una buena película en el Rex.

CECI: ¿A qué hora _____ la película Tomás?

TOMÁS: A las seis y a las ocho y media. ¿A qué hora _____ ir al cine?

CECI: _____ ir a las ocho. Oye, ¿está bien si _____ mi hermana con nosotros?

TOMÁS: Claro que está bien. _____ que ella es muy simpática.

B. Por teléfono. Complete la siguiente conversación telefónica con formas del presente del verbo **estar** y el participio presente de los verbos entre paréntesis.

CECI: Hola, Lorena. ¿Cómo _____?

LORENA: Bien. gracias. _____ muy ocupada hoy.

CECI: ¿Qué estás _____ (hacer)?

LORENA: _____ _____ (estudiar) para un examen de hostelería.

CECI: Ah, ¿sí? Oye, _____ Tomás en casa?

LORENA: Sí, pero _____ un poco enfermo. Ahora _____ _____ (dormir).

CECI: _____ preocupada por Tomás. Trabaja mucho, ¿verdad?

LORENA: Sí, demasiado. Pero creo que va a _____ mejor mañana.

Cultura

Lea cada oración, luego indique si es verdadera (**Sí**) o falsa (**No**).

1. La mayoría de las familias hispanas son muy unidas. _____

2. Normalmente, los abuelos hispanos no viven con sus nietos. _____

3. Muchas mujeres hispanas tienen una carrera profesional. _____

4. La esposa de Jorge Luis Valle Torres se llama Ana María Gómez Vega. Ahora ella se llama Ana María Gómez de Valle. _____

5. Juan Luis es el hijo de Jorge Luis y Ana María. El hombre completo del niño es Jorge Luis Valle Torres. _____

ANSWERS TO AUTOPRUEBA

Vocabulario

Los parientes

Paragraph 1: marido, hija, nietos
Paragraph 2: tíos, sobrino, sobrina, primos
Paragraph 3: yerno, suegros, cuñado

Gramática

A. Entre novios

tienes, Tengo, quieres, Quiero, comienza, prefieres (quieres), Prefiero (Quiero), viene, Pienso

B. Por teléfono

estás, Estoy, haciendo, Estoy estudiando, está, está, está durmiendo, Estoy, estar

Cultura

1. Sí   2. No   3. Sí   4. Sí   5. No

Actividades y ejercicios orales

EN CONTEXTO

El jueves en la casa de los Velarde. Listen to the following dialogue from the *En contexto* section of your textbook. Then answer the questions that follow. Indicate if the statements are **correcto (C), incorrecto (I),** or **no hay suficiente información (N).**

1.	La abuela es de Venezuela.	C	I	N
2.	A Beti le gusta mirar programas deportivos.	C	I	N
3.	La abuela tiene 72 años.	C	I	N
4.	Beti adora a su abuela.	C	I	N
5.	La abuela quiere mirar una telenovela.	C	I	N
6.	Son las 9:53.	C	I	N

VOCABULARIO ÚTIL

A. Las relaciones especiales. The speaker will give you clues about some family relationships. From the information provided, circle the most appropriate answer.

1.	madre	abuela	hermana
2.	tío	hijo	nieto
3.	padres	parientes	amigos
4.	sobrinos	primos	nietos
5.	cansados	solteros	casados

B. Los parientes. You will hear eight statements about relationships among relatives. If the relationship is a logical one, circle **lógico.** If the relationship is not logical, circle **ilógico.**

1.	lógico	ilógico	5.	lógico	ilógico
2.	lógico	ilógico	6.	lógico	ilógico
3.	lógico	ilógico	7.	lógico	ilógico
4.	lógico	ilógico	8.	lógico	ilógico

C. La familia de Lorena. Lorena is at a family gathering for the first communion of her cousin in Caracas. Listen to what her family members say about themselves. As they speak, write the information on the lines provided.

1. El padre de Lorena trabaja en _____.

2. Los hermanos de Lorena se llaman _____.

3. La madre de Lorena es _____.

4. Elena María es _____.

5. La abuela de Lorena se llama _____ Figueroa de _____.

6. El esposo de Silvia se llama _____.

7. El hermano menor de Lorena es _____.

D. En familia. You will hear three descriptions about different Spanish-speaking families. As you listen to the descriptions, fill in the charts below.

1

descripción de la familia: _____

número de hijos en total: _____

edades mencionadas: _____

2

descripción de la familia: _____

número de hijos en total: _____

edades mencionadas: _____

3

descripción de la familia: _____

número de hijos en total: _____

edades mencionadas: _____

PRONUNCIACIÓN ESENCIAL

Spanish *j* and *g*. The Spanish *j* has a sound somewhat like the **h** in **hill,** but harder. It is never pronounced like the English **j** of **jet.** Listen to the following sentences and repeat them after the speaker.

—¿Trabajas el jueves, hijo?
—No, papá. El jueves voy a jugar al jai alai con Juan.
—¿Adónde van ustedes a jugar, joven?
—En un parque de La Jolla, papá.

The Spanish *g* before an *e* or *i* is pronounced like the *j*. Listen to the following sentences and repeat them after the speaker.

> —¿Cómo se llama tu hijo, José?
> —Se llama Jorge.
> —Vive Jorge en la Argentina, ¿no?
> —Sí, estudia in**g**eniería y **g**eología allí.
> —¿Es inteli**g**ente Jorge?
> —Sí. Va a ser un in**g**eniero in**g**enioso.

In all other cases, *g* is pronounced approximately like the **g** in **go**. Listen to the following sentences and repeat them after the speaker.

> —Me llamo **G**ustavo **G**onzález.
> —Soy **G**abriela **G**ómez. Mucho **g**usto, **G**ustavo.
> —El **g**usto es mío. Tocas bien la **g**uitarra.
> —Muchas **g**racias, **G**ustavo.

Spanish *h*. The Spanish *h* is never pronounced. Listen and repeat the following sentences.

> —¡**H**ola, **h**ija!
> —¡**H**ola, mamá! ¿Qué estás **h**aciendo?
> —Estoy **h**ablando por teléfono con mi **h**ermano **H**éctor.

GRAMÁTICA FUNCIONAL

A. La entrevista. Beti's cousin Nicolás has become a famous singer, and she is preparing an oral report on him to give to her class. As she interviews him on the phone, jot down notes.

En junio Nicolás _____.

En agosto _____.

En septiembre _____.

Va a estudiar _____.

B. Descripciones. You will hear a series of statements. From the descriptions provided, decide which adjective or location in each set is most appropriate.

Circle the correct response.

1. casado   enfermo   ocupado
2. mayor   menor   viuda
3. casada   cansada   soltera
4. tristes   contentos   enojados
5. casados   furiosos   cansados
6. mi casa   la biblioteca   el museo
7. la piscina   la universidad   el parque

C. Expresiones con _tener_. You will hear some brief descriptions. From the information provided, decide which expressions below most appropriately complete the sentences. Some possible choices are:

prisa   celos   miedo   sueño

1. Juan Antonio tiene_____.

2. María tiene _____.

3. Sara tiene _____.

D. Nuestras responsabilidades. We all have responsibilities, but sometimes we want to do other things. Answer the questions as indicated on the lines provided.

Ejemplo: descansar / estudiar
             ¿Qué tienes ganas de hacer?

             Tengo ganas de descansar pero tengo que estudiar.

1. jugar al tenis / trabajar

   _____

2. montar en bicicleta / ir a sus clases

   _____

3. comer en un restaurante / preparar comida en casa

   _____

4. caminar en el parque / trabajar en casa

   _____

5. estar con mis amigos / estudiar para un examen

   _____

E. ¿Qué está pasando? Lorena will tell you what different members of her family usually do. After you hear each statement twice, say that the family member in question is doing the same thing right now.

Ejemplo: Normalmente, Beti come en casa.
             Ahora…

             Ahora está comiendo en casa.

⌐ **Hint:** Before completing this activity, think about how you would explain what you are doing right now and how you would respond if asked what you normally do at the times mentioned in the exercise.

L
E
C
C
I
Ó
N

5

¡Qué rica está la comida!

Actividades y ejercicios escritos
EN CONTEXTO

A la hora de comer

Lea el párrafo y la conversación en la sección *En contexto* en la página 118 de su libro de texto. Luego, basado en lo que usted leyó, responda a las siguientes oraciones con **Sí** o **No.**

1. Juan quiere ir a la Isla Margarita. _____
2. Lorena está desayunando con su familia. _____
3. La Isla Margarita es parte de Venezuela. _____
4. Beti va a jugar al vólibol con sus amigos. _____
5. Doña Matilde cree que Lorena está delgada. _____
6. Beti no come mucho porque tiene poca hambre. _____
7. Juan es presidente de un banco de San Felipe. _____
8. A la hermana de Lorena no le gustan las arepas. _____

VOCABULARIO ÚTIL

A. Las comidas. Escriba el nombre de cada comida con su definición.

el jugo	los tomates	los refrescos
la mermelada	el té y el café	las papas y el arroz
la cerveza	los mariscos	el queso y el helado

Ejemplo: Es una bebida blanca.   _la leche_

1. Es comida del océano. _____
2. Es una bebida de fruta. _____
3. Es un condimento de fruta. _____
4. Es una bebida alcohólica. _____
5. Son vegetales de color rojo. _____

6. Estas bebidas contienen cafeína. _____

7. Son bebidas que tienen mucho gas. _____

8. Estos vegetales son de color blanco. _____

9. Estos postres son productos lácteos (de leche). _____

B. Recomendaciones. Escriba el nombre de las comidas y bebidas que usted recomienda para las diferentes actividades.

Actividad	Comida recomendada	Bebida recomendada
estudiar en casa	_____	_____
jugar a las cartas	_____	_____
esquiar en la nieve	_____	_____
hacer ejercicio aeróbico	_____	_____
ver una película en video	_____	_____

C. Mis parientes. Complete las siguientes oraciones lógicamente, identificando diferentes comidas.

Ejemplo: Mi mamá nunca toma bebidas alcohólicas, pero toma ___agua mineral___ y ___jugos___ .

1. Mi tía Amanda es vegetariana. Ella no come _____ , pero come

   _____ y _____ .

2. Mi tío Pepe es una persona nerviosa. Creo que él no debe beber _____ cuando

   trabaja; mi tío debe tomar _____ .

3. Patricia es mi prima. Ella está un poco delgada porque no come mucho. Creo que ella debe comer

   _____ .

4. Mi primo Alejandro está un poco gordo. Creo que no debe comer _____ porque

   contienen muchas calorías. Alejandro debe comer más _____ .

5. Mi abuelita Lucía tiene mucha sed cuando hace ejercicio en el parque por la tarde. Creo que ella debe

   beber _____ pero no debe beber _____ porque no es bueno(a).

D. Las tres comidas del día. Complete las siguientes oraciones para describir lo que usted come frecuentemente.

El desayuno

Desayuno (todos los días / a veces). (Nunca desayuno.) _____

_____

Para el desayuno me gusta comer _____

_____.

Por la mañana normalmente bebo _____

_____.

El almuerzo

Frecuentemente almuerzo (en casa / en un café / en…). (No almuerzo.) _____

_____.

Para el almuerzo, como _____

_____

y bebo _____.

A veces, me gusta comer (beber) _____

para el almuerzo.

La cena

Normalmente ceno (solo/sola / con mi familia / con…). (No ceno.) _____

_____.

Para la cena, a veces como _____,

_____,

y una vez a la semana como _____.

Con la cena me gusta beber _____.

GRAMÁTICA FUNCIONAL

Present Tense of Verbs With Stem-Vowel Change: o → ue

A. Dos amigos. Complete la siguiente conversación entre Roberto Velarde y su amigo Víctor, usando formas correctas de los verbos **almorzar, jugar** y **poder.**

VÍCTOR: ¿_____ al tenis, Roberto?

ROBERTO: No muy bien, pero _____ al ráquetbol.

VÍCTOR: Ah, ¿sí? ¡Yo también _____ al ráquetbol! ¿Quieres _____

esta tarde?

ROBERTO: Esta tarde no _____ , pero mañana sí. ¿A qué hora quieres _____?

VÍCTOR: ¿A qué hora _____ en casa?

ROBERTO: Pues, normalmente mi familia y yo _____ a las dos y media.

VÍCTOR: Y yo _____ a las tres. ¿Por qué no _____ (nosotros) al ráquetbol a las cinco?

ROBERTO: ¡Perfecto! Y después _____ ir a tomar un café.

VÍCTOR: Bien. Hasta mañana.

B. A la hora del almuerzo. Complete la siguiente narración y conversación, usando formas apropiadas de los infinitivos.

jugar   servir   dormir   decir
pedir   volver   almorzar

Los días de trabajo Roberto _____ a casa a las dos de la tarde. Siempre

_____ con su hijo Memo por diez o quince minutos. Luego ellos

_____ con toda la familia.

La sirvienta Graciela le _____ la comida preparada por ella, a Rosa y a su hija

Lorena. A veces, Tomás_____ más comida porque _____ que necesita la energía.

—¿Me _____ (tú) otras dos arepas, Graciela?

—Pues, sí.

—¿Por qué _____ (tú) que necesitas mucha energía, Tomás?

—Porque yo _____ fútbol con mis amigos del colegio, papá. El fútbol consume

     mucha energía.

Después del almuerzo, Roberto y los otros _____ al trabajo o a la escuela. Doña

Matilde y Memo _____ la siesta por una hora, luego caminan al Parque Bolívar donde

ella _____ con el niño.

C. ¿Y usted? Escriba un párrafo, contestando las siguientes preguntas en oraciones completas.

¿A qué hora almuerza usted los días de clase? ¿Dónde almuerza usted, y con quién? ¿Qué come usted? Después del almuerzo, ¿duerme usted la siesta? (¿Sí? ¿Dónde duerme y por cuántos minutos?)

_____

_____

_____

_____

_____

_____

Atajo

Functions: Expressing time relationships; sequencing events
Vocabulary: Food: meals; time expressions; time of day

D. Una joven ambiciosa. Complete el siguiente párrafo y diálogo con formas apropiadas de los verbos **querer, poder, conocer** y **saber.**

Lorena _____ ir a la Isla Margarita en diciembre, pero ella

_____ que no tiene dinero *(money)* para ir allí. Lorena _____ a una

persona rica que _____ darle el dinero: su tío Diego, que es presidente de un banco de

San Felipe. Ella _____ que si habla diplomáticamente con su tío,

_____ recibir el dinero.

—Tío, ¿_____ usted la Isla Margarita?

—Sí, Lorena. La _____ muy bien. ¿Por qué?

—Usted _____ que soy muy trabajadora, ¿verdad?

—Claro que sí. Lo _____ bien. ¿Por qué, joven?

—Porque (yo) _____ ir a la isla para trabajar en un banco.

_____ saber cómo funciona el banco y _____ conocer a la

gente allí, pero no tengo dinero.

—¿_____ (tú) una cosa, Lorena? Tú _____ trabajar en mi

banco aquí en San Felipe.

Demonstrative Adjectives

E. Conversaciones en la mesa. Mire las ilustraciones en la página 92. Luego complete las conversaciones, usando **este, esta, estas, estos, ese, esa** o **esos,** apropiadamente.

BETI: ¡_____ comida está rica, mamá!

ROSA: Gracias, hija. ¿Quieres más de _____ arepas?

BETI: No, pero ¿me sirves más de _____ mariscos, por favor?

ROSA: Sí. ¿Por qué no tomas más de _____ arroz también?

SILVIA: Juan, pásame _____ ensalada, por favor.

JUAN: ¿Prefieres _____ ensalada de fruta o _____ ensalada de verduras?

SILVIA: La ensalada de verduras. ¿Puedes pasarme _____ pan también?

JUAN: Cómo no. Toma _____ dos panes. _____ pan está rico, ¿no?

F. Los gustos de Memo. Complete la conversación entre Memo y su amigo Óscar, usando **gusta** o **gustan**.

ÓSCAR: ¿Qué te _____ comer, Memo?

MEMO: Me _____ los mariscos. También me _____ el helado.

ÓSCAR: ¿Y qué te _____ beber?

MEMO: Me _____ la leche y el jugo de naranja.

ÓSCAR: ¿Te _____ el café o el té?

MEMO: No me _____ esas bebidas, pero sí me _____ los refrescos.

G. Lorena y sus amigos. A Lorena y a sus amigos les gustan ciertos lugares, personas y cosas. ¿Qué dicen?

Ejemplo: Lorena: [+] mi trabajo / [-] trabajar mucho

Me gusta mi trabajo, pero no me gusta trabajar mucho.

1. Bernardo: [+] Venezuela / [-] nuestro presidente

   _____

2. Magda: [+] las lenguas / [-] la gramática

   _____

3. Dorotea: [+] mirar la televisión / [-] los programas violentos

   _____

4. Vicente: [+] los deportes / [-] caminar con mi perro

   _____

5. Esperanza: [+] la familia de mi novio / [-] su hermano menor

   _____

H. Lorena y sus hermanos. Complete el siguiente párrafo, usando **me, te, le, nos** o **les,** apropiadamente.

    ¡Hola! Soy Lorena Velarde. Ahora voy a escribir sobre la comida que _____ gusta a mis hermanos. A mi hermana Beti y a mi hermano menor Tomás _____ gusta comer. A Beti _____ gustan las arepas, y a nuestro hermano Tomás _____ gusta el arroz con pollo. A ellos no _____ gustan mucho los vegetales. A Beti y a mí _____ gusta tomar agua mineral con la comida, y a Tomás _____ gusta beber refrescos. De postre a mí _____ gusta la fruta; _____ gustan especialmente las naranjas. A mi hermano mayor Roberto _____ gusta comer y beber todo. Y a ti, ¿qué _____ gusta comer y beber?

I. Mis preferencias. Complete las siguientes oraciones.

1. Me gusta vivir con mi(s) _____ , pero no me gusta vivir con / ...

   _____.

2. (Me gustan / No me gustan mucho) los deportes. Por ejemplo, (me gusta / no me gusta)

   _____.

3. Me gusta hablar español con _____ , pero no me gusta hablar español

con… _____ .

4. Me gusta comer _____ , pero no me gusta(n) _____

_____ .

5. Me gusta beber _____ , pero no me gusta(n) _____

_____ .

Ahora escriba otra oración sobre los gustos de una persona a quien usted conoce.

A mi _____ [persona] le gusta(n) _____ . Por ejemplo, le gusta(n)

_____ , pero no le gusta(n) _____ .

J. Las personas que conozco. Complete las oraciones para describir lo que les
gusta a sus parientes, a sus amigos y a usted.

Ejemplos: _A mi tía Elena le gusta ir al cine. Le gustan las películas de Robin Williams._

A mis padres _____

_____

A mi hermano(a) _____

_____

A mi abuelo(a) _____

_____

A mi tío(a) _____

_____

A mis primos _____

_____

A mis amigos y a mí _____

_____

A mí _____

AUTOPRUEBA

Vocabulario

La comida. Escriba el nombre de cada comida en la categoría más lógica.

agua, bistec, cerveza, fruta, helado, jamón, jugo,
leche, pastel, pollo, queso, refresco, vino

Carnes: _____

_____

Bebidas: _____

_____

Postres: _____

_____

Gramática

A. La hora del almuerzo. Complete el siguiente párrafo con una forma apropiada de los verbos en la lista.

jugar   dormir   servir
decir   volver   almorzar

Normalmente, _____ con mi familia a las dos durante la semana. Mis padres preparan la

comida, luego cada persona se _____ a sí misma. Si me gusta el postre, me _____ dos

porciones. Mi papá siempre me _____ que voy a estar gordo. Después de _____ , (yo)

_____ la siesta por media hora. Después, mis padres _____ a su trabajo y yo

_____ a la escuela. A veces, mis amigos y yo _____ a fútbol después de nuestras clases.

Yo no _____ muy bien, pero me gusta mucho practicar ese deporte.

B. En el mercado. Complete la siguiente conversación con los adjetivos o pronombres demostrativos apropiados.

☞ = **este, esta, estos, estas, esto**

☞ = **ese, esa, esos, esas, eso**

SR. VELARDE: Quiero medio kilo de ☞ _____ tomates y un kilo de ☞ _____ papas.

DEPENDIENTE: ☞ _____ fruta está muy fresca. ¿Le gusta la fruta, señor?

SR. VELARDE: Sí, déme seis de ☞ _____ naranjas, por favor. ☞ _____ bistec... ¿está

fresco?

DEPENDIENTE: Sí, señor. Toda ☞ _____ carne está fresca.

SR. VELARDE: Bueno, déme medio kilo de ☞ _____ pollo. ☞ _____ es todo.

C. Los gustos. Complete la siguiente conversación con **gusta** o **gustan.**

ALBA: Me _____ comer vegetales.

ROSA: ¿Te _____ el arroz, Alba?

ALBA: Un poco, pero me _____ más las papas.

ROSA: A mi marido también le _____ los vegetales.

Cultura

¿Sí o no? Lea las siguientes oraciones, luego escriba **Sí,** si son verdaderas, o **No,** si son falsas.

1. Las costumbres de comer son idénticas en la cultura hispana y la cultura anglosajona. _____

2. En los países de habla española la comida principal es la cena. _____

3. La sobremesa es una costumbre de conversar después de comer. _____

4. Normalmente entre los hispanos, el postre consiste en queso o fruta. _____

5. Se cena muy tarde en España en comparación con los otros países de habla española. _____

ANSWERS TO AUTOPRUEBA

Vocabulario

La comida

Carnes: bistec, jamón, pollo
Bebidas: agua, cerveza, jugo, leche, refresco, vino
Postres: fruta, helado, pastel, queso

Gramática

A. La hora del almuerzo

almuerzo, sirve, sirvo, dice, almorzar, duermo, vuelven, vuelvo, jugamos, juego

B. En el mercado

estos, esas, Esta, estas, Este, esta, ese, Eso

C. Los gustos

gusta, gusta, gustan, gustan

Cultura

1. No   2. No   3. Sí   4. Sí   5. Sí

Actividades y ejercicios orales
EN CONTEXTO

Es hora de comer. Listen to the following conversation among the Velarde family as they eat lunch. You will then hear a series of statements. Determine if they are **correcto (C), incorrecto (I)** or **no hay suficiente información (N),** and circle the appropriate response.

1. C   I   N   5. C   I   N

2. C   I   N   6. C   I   N

3. C   I   N   7. C   I   N

4. C   I   N

VOCABULARIO ÚTIL

A. La dieta. Silvia is talking to her doctor about her diet. As you listen, fill in the missing information. Not all blanks will be filled in.

	comida	hora
desayuno	_____	_____
almuerzo	_____	_____
cena	_____	_____
Recomendación del médico:	_____	_____
	_____	_____

B. ¿Qué desea? José Velarde and his wife go to the Maracaibo, an elegant restaurant in San Felipe, to celebrate their wedding anniversary. Listen to the following conversation and try to determine what they order for dinner. Then fill in the restaurant check.

C. En la cocina. *(In the kitchen)* Listen as Lorena and Roberto chat in the kitchen. As they discuss what they want to eat for breakfast, jot down in the appropriate space the foods they mention.

Roberto quiere comer _____ .

Lorena quiere comer _____ .

D. Unos consejos. Lorena has decided to improve her health. She is talking with several friends after class, and everyone offers their advice. Listen to their comments and decide if their advice is **bueno** or **malo** for a healthful diet.

⌐**Hint:** Answer as if you were a nutritionist or doctor giving advice.

1. Bueno	Malo		4. Bueno	Malo
2. Bueno	Malo		5. Bueno	Malo
3. Bueno	Malo			

PRONUNCIACIÓN ESENCIAL

Spanish *d*. The Spanish *d* has two sounds, depending on its position within a word or phrase. At the beginning of a phrase or sentence, or after *l* or *n*, the Spanish *d* is pronounced like the English **d** in **dance,** but somewhat softer. Listen to the following sentences and repeat after the speaker. Pay special attention to the *d* sound.

—¿Aló? **D**aniel, ¿qué estás hacien**d**o?
—¡Ah, Matil**d**e! Estoy leyen**d**o un libro. ¿Y tú?
—Estoy miran**d**o la tele. Oye, ¿qué haces el **d**omingo?
—¿El **d**omingo? No mucho, ¿por qué?
—Bueno, ¿quieres tomar el **d**esayuno en el Café Austral?
—Sí. Muchas gracias, Matil**d**e. Hasta el **d**omingo.
—Hasta el **d**omingo, **D**aniel.

In all other positions, especially between vowels, the Spanish *d* is pronounced like the **th** in **then.** Listen to the following sentences and repeat after the speaker.

—¿Qué tienes ganas **d**e comer, A**d**ela?
—Voy a pe**d**ir pan tosta**d**o con mermela**d**a y jugo **d**e naranja.
—Y yo quiero pesca**d**o y una ensala**d**a.
—Pero Clau**d**ia, pi**d**es pesca**d**o y ensala**d**a to**d**os los **d**ías.
—Sí, porque me gustan mucho, A**d**ela.

Spanish *r* and *rr*. The Spanish *r* is pronounced like the **d** sound in the English sentence **Betty had a little bitty kitty.** Listen to and repeat the following sentences, trying especially to imitate the sounds you hear.

—¿Quieres almo**r**zar aho**r**a, Lorena?
—Sí, tengo hamb**r**e. ¿Adónde quie**r**es i**r**, Beti?
—Vamos al cent**r**o… al Café Aust**r**al, ¿quieres?
—Bien. ¿Qué quieres comer?
—Quiero pedi**r** una po**r**ción de ma**r**iscos. ¿Y tú?
—Voy a come**r** pollo con papas f**r**itas y toma**r** una ce**r**veza.
—¡Mmmm! Tú también tienes mucha hamb**r**e esta ta**r**de.

In Spanish, the *rr* is considered to be one consonant. It is formed exactly like the single *r*, but the tongue bounces several times against the ridge behind the upper teeth. The *rr* is trilled somewhat like a child imitating the sound of a motor. The single *r* is also trilled when it begins a word. Listen to the following sentences. Repeat after the speaker, trying to imitate the pronunciation of *rr*.

—**R**amón, ¡este a**rr**oz es ho**rr**ible!
—Este bu**rr**ito es te**rr**ible también, Enriqueta.
—Ésta no es comida mexicana, **R**amón.
—No, es comida **r**ápida. Vamos al café puerto**rr**iqueño.
—Buena idea. Tienen buena comida y música de guita**rr**a.

GRAMÁTICA FUNCIONAL

A. Las diferencias. You are helping Beti with a report on the differences between mealtimes in Venezuela and the United States. Beti will say something about her schedule and will ask you questions about yours. Answer her questions during the pause on the tape and then write your answer in a complete sentence in the space provided.

Ejemplo: Normalmente yo tomo el desayuno a las ocho.
¿A qué hora desayunas tú?

Desayuno a las ocho y media.

1. _____

   _____

2. _____

   _____

3. _____

   _____

4. _____

   _____

5. _____

   _____

B. El Club Deportivo. You will hear an advertisement for El Club Deportivo, a new athletic club in San Felipe. Listen to the advertisement and fill in the missing words.

El Club Deportivo de San Felipe _____ las mejores instalaciones en _____

ciudad. Usted puede _____ al tenis, vólibol y básquetbol y _____ en nuestra piscina.

Para un _____ ideal los socios del club hacen _____ por la mañana y _____ en la cafetería donde _____ una variedad de platos sabrosos y ligeros. Luego _____ a la

piscina para tomar el sol y _____. Deporte, amistad y descanso. _____ es vivir. Para

más información, llame a _____ número: 486-3214.

C. Para contestar.
You will hear five questions pertaining to the advertisement for El Club Deportivo. Answer the questions in complete sentences.

D. Unas situaciones.
Look at the four drawings depicting different situations. You will hear seven statements read twice. After hearing the statements, determine which set of characters would most likely have made each comment. Then write the letter of the drawing in the space provided.

> **Hint:** Before beginning this activity, look at the illustrations and determine which expressions using *estar* and *tener* would be appropriate for each. Try to describe each scene using at least two expressions.

A   **B**   **C**   **D**

1. _____   4. _____   6. _____
2. _____   5. _____   7. _____
3. _____

E. La invitación.
Dorotea, the president of the bank where Juan works, invites her new business manager, Cristina, to dinner. In order to prepare a menu, she inquires about her dietary habits. Play the role of Cristina and answer according to the example provided.

Ejemplo: comer carne / sí

      ¿Puedes comer carne?

      Sí, me gusta mucho y está rica.

      comer jamón / no

      ¿Puedes comer jamón?

      No, no me gusta, gracias. Prefiero los vegetales.

1. tomar leche / sí   4. tomar cerveza / no
2. comer vegetales / sí   5. comer huevos / sí
3. comer mariscos / no

LECCIÓN

6

¡Felicidades, Beti!

Actividades y ejercicios escritos

EN CONTEXTO

La fiesta de cumpleaños

Lea el párrafo y la conversación en la sección *En contexto* en la página 140 de su libro de texto. Luego, basado en lo que usted leyó, complete las siguientes oraciones.

1. La misa es en (Caracas / San Felipe / la Isla Margarita).

2. "Bien me sabe" es (una expresión / una bebida / una comida).

3. (Tomás / Lorena / Beti) es impaciente porque tiene hambre.

4. Hoy Beti Velarde celebra sus (doce / quince / veintidós) años.

5. La celebración comienza con (un baile / una misa / una comida).

6. A Beti le gustan (los dulces / los sándwiches / las ensaladas).

7. Beti recibió (un suéter / un disco compacto / unas cintas) de sus tíos.

8. Todos los invitados hacen cola para (bailar / beber / servirse).

VOCABULARIO ÚTIL

El tiempo

A. ¿Qué tiempo hace hoy? Conteste las preguntas, según la lista de temperaturas para varias ciudades.

1. Mire las temperaturas de la lista. ¿En qué sistema están escritas estas temperaturas?

   Están escritas…

   [ ] en centígrado.   [ ] en Fahrenheit.

2. ¿Cómo sabe usted eso?

   Yo sé eso porque… _____

   _____.

TEMPERATURAS		
	MIN.	MAX.
ATLANTA	☐ 43°	58°
BOSTON	■ 28°	34°
CARACAS	■ 61°	79°
CHICAGO	○ 11°	30°
FILADELFIA	■ 28°	39°
LOS ANGELES	☐ 54°	65°
MADRID	☆ 37°	54°
MEXICO	☆ 43°	77°
MIAMI	■ 69°	78°
NUEVA YORK	■ 31°	40°
SAN JUAN	☆ 71°	83°
WASHINGTON	■ 29°	39°
★ Soleado ■ Nublado ☐ Lluvia ○ Nieve		

3. ¿En cuántas ciudades hace sol? Hace sol en _____ ciudades.

4. ¿Cuáles son estas ciudades, y en qué nación están?

   Ciudad   **Nación**

   _____   _____

   _____   _____

   _____   _____

5. ¿Hace buen tiempo o hace mal tiempo en Chicago?

   En Chicago _____.

6. De todas estas ciudades, ¿en cuál quiere usted estar en este momento, y por qué?

   En este momento… _____

   porque… _____.

B. A larga distancia. Imagínese que usted está en Boston donde está hablando por teléfono con un(a) amigo(a) en Caracas. Escriba una conversación entre ustedes sobre el tiempo, las temperaturas y las actividades que ustedes y sus familias van a hacer esta semana. Use la información del anuncio en la Actividad A ("Temperaturas") para saber qué tiempo hace en Boston y en Caracas.

_____

_____

_____

_____

_____

_____

_____

_____

Atajo

Functions: Talking on the phone; greeting; saying goodbye; describing weather; asking information
Vocabulary: City; family members; household chores; leisure; means of transportation; sports; stores; time expressions; time of day

C. Depende de la estación. Describa cómo es cada estación donde vive usted, y qué hace usted en esa estación.

Ejemplo: En la primavera llueve mucho aquí y a veces hace mucho viento.

                En la primavera me gusta montar en bicicleta y…

1. En la primavera _____

   _____.

2. En el verano _____

   _____.

3. En el otoño _____

   _____.

4. En el invierno _____

   _____.

D. Querido(a)... Escríbale una carta a una persona de la familia Velarde. En su carta describa sus planes para esta semana.

Querido(a) _____ [nombre],

Hoy hace (frío / buen tiempo /…) aquí, y en este momento está (nublado / lloviendo). Ahora la temperatura está a _____ grados centígrados. Tengo muchas ganas de…, pero primero tengo que… en (casa / la escuela / la universidad /…).

Mañana va a hacer (mal tiempo / calor / …) y la temperatura va a estar a _____ grados centígrados. Creo que voy a… porque…

_____

_____

_____

_____

_____

_____

_____

_____

_____

_____

_____

_____

Los números 100–1,000

E. Los cheques de Rosa María. Rosa María, la madre de Beti Velarde, va de compras para el cumpleaños de su hija. Va a escribir tres cheques en bolívares, la moneda de Venezuela. 1115Escriba las fechas, los nombres y los números de cada cheque aquí.

🌹 *Rosa María Salinas Velarde*
C/Altamirano 9, 4º izq.
San Felipe, Venezuela

102

_____

PÁGUESE POR

ESTE CHEQUE A _____

_____ BOLÍVARES

_____

(Firma)

Date: June 16, _____
Store: Boutique "Chic"
Amount: 850 Bs

🌹 *Rosa María Salinas Velarde*
C/Altamirano 9, 4º izq.
San Felipe, Venezuela

103

_____

PÁGUESE POR

ESTE CHEQUE A _____

_____ BOLÍVARES

_____

(Firma)

Date: June 19, _____
Store: Supermercado
           "Economax"
Amount: 975 Bs

🌹 *Rosa María Salinas Velarde*
C/Altamirano 9, 4º izq.
San Felipe, Venezuela

104

_____

PÁGUESE POR

ESTE CHEQUE A _____

_____ BOLÍVARES

_____

(Firma)

Date: June 23, _____
Store: Pastelería
           "Victoria"
Amount: 725 Bs

GRAMÁTICA FUNCIONAL

Present Tense of Reflexive Verbs

A. Dos quinceañeras. Beti está hablando por teléfono con su amiga Isabel, que también tiene quince años. Complete su conversación, usando la forma correcta de los verbos entre paréntesis.

BETI: ¿A qué hora (tú-acostarse) _____ los días de clase, Isabel?

ISABEL: Pues, (yo-acostarse) _____ más o menos a las once.

BETI: También mi hermana mayor (acostarse) _____ a esa hora. Lorena siempre

(bañarse) _____ antes de acostarse. Ella (decir) _____

que después de una buena ducha, (poder) _____ dormir bien toda la

noche. ¿Qué (pensar) _____ de eso, Isabel?

ISABEL: (yo-creer) _____ que es una buena idea, especialmente para la gente que

no (dormir) _____ bien. Yo prefiero (ducharse) _____

por la mañana, pero siempre (lavarse) _____ los dientes antes de

acostarme.

BETI: Cuando (tú-despertarse) _____ por la mañana, ¿(levantarse)

_____ inmediatamente?

ISABEL: No. Normalmente (yo-descansar) _____ por diez minutos, y (pensar)

_____ en lo que (ir) _____ a hacer durante el día.

BETI: ¡Qué buena idea (tú-tener) _____, Isabel!

B. Un día muy importante.

1. Describa las primeras dos horas del cumpleaños de Beti, según las ilustraciones en la página 106.

Ejemplo: Beti se despierta a las 8:00 de la mañana. Está un poco

cansada, pero está contenta porque hoy tiene quince años.

_____

_____

_____

_____

_____

_____

_____

_____

_____

_____

_____

_____

_____

_____

2. Ahora describa lo que Beti está haciendo en cada ilustración.

Ejemplo: _Beti está despertándose y está un poco cansada._

O: _Beti se está despertando y está un poco cansada._

1. _____

2. _____

3. _____

4. _____

5. _____

6. _____

7. _____

8. _____

C. El fin de semana.

1. En un papel separado haga un horario *(schedule)* que indique los días, las horas y las actividades que usted va a hacer durante el fin de semana que viene.

Ejemplo (parcial):

Hora	Sábado	Domingo
9:00	Me levanto y hago ejercicio.	Duermo muy bien.
9:30	Me ducho.	Duermo...¡ahhhh!
10:00	Desayuno: tomo café y como pan tostado.	Me levanto.
10:30	Estudio para un examen de matemáticas. (No me gusta.)	Desayuno y miro la tele.
13:00	Almuerzo con mi amiga Jennifer en el Restaurante Parthenon.	
15:00...	(etc.)	

2. Ahora describa sus planes, usando su horario como guía para expresar sus ideas.

Ejemplo: El sábado voy a despertarme a las 9:00. Luego pienso hacer ejercicio

por media hora. Después, voy a ducharme. A las diez quiero desayunar...

_____

_____

_____

_____

_____

_____

D. A las seis de la mañana. Como en todas las familias, hay conflictos en la familia Velarde. Escriba en español un diálogo entre Beti y su madre, usando las siguientes ideas.

Beti wakes up but says she doesn't want to get out of bed. Rosa tells her that she must get up, take a shower, and get dressed for school. Beti finally gets up, but she complains that she's tired. Rosa tells her that her breakfast is getting cold, and that she should hurry up. Beti complains that she's tired because she is always studying for tests. Her mother expresses sympathy, then reminds Beti what time it is. Beti responds by saying she doesn't feel well. Now end the conversations logically.

_____

_____

_____

_____

_____

_____

_____

_____

_____

_____

Comparatives

E. Comparaciones. Compare las temperaturas de las ciudades indicadas, usando **más / menos...que** o **tan / tanto... como.**

Ejemplo: Barcelona / Nueva York

Hace más frío en Barcelona que en Nueva York.

O: Hace menos calor en Barcelona que en Nueva York .

```
/////////////////////////////////////////////////
          Temperaturas - 24 de junio

   Barcelona        17     Nueva York      20
   Buenos Aires     05     París           15
   Los Ángeles      15     Roma            16
   México           22     Tokio           17
   Miami            29     Viena           13
\\\\\\\\\\\\\\\\\\\\\\\\\\\\\\\\\\\\\\\\\\\\\\\\\\\
```

1. Miami / Buenos Aires _____

2. París / Los Ángeles _____

3. Viena / Roma _____

4. Tokio / Barcelona _____

5. México / Nueva York _____

F. Opiniones. Exprese su opinión, escribiendo oraciones completas, como en los ejemplos. Las estaciones y los meses se refieren a donde vive usted ahora.

Ejemplo: la primavera ⟷ el otoño: ser (más / menos / tan) bonito

La primavera es más bonita que el otoño. _____

O: El otoño es más bonito que la primavera. _____

O: La primavera es tan bonita como el otoño. _____

1. nieva (más / menos): diciembre ⟷ febrero

   _____

2. hacer viento (más / menos / tanto): abril ⟷ agosto

   _____

3. el invierno ⟷ el verano: ser (más / menos / tan) bonito

   _____

4. llueve (más / menos): la primavera ⟷ el otoño

   _____

5. hacer calor (más / menos / tanto): el otoño ⟷ la primavera

   _____

6. hacer fresco (más / menos / tanto): mayo ⟷ septiembre

   _____

G. ¡Viva la igualdad! Beti Velarde y su primo Martín Castillo tienen mucho en común. Complete las siguientes oraciones, usando **tanto, tanta, tantos, o tantas... como.**

Ejemplo: tener / años

_____Beti tiene tantos años como Martín._____

1. beber / jugo _____

2. escuchar / cintas _____

3. comer / verduras _____

4. conocer a / gente _____

5. tener / energía _____

6. hacer / ejercicio _____

7. saber jugar / deportes _____

Superlatives

H. ¿Sabe usted que...? Ahora vamos a ver qué sabe usted. Escriba oraciones, usando el superlativo, como en el ejemplo.

Ejemplo: Dos hermanas: Beti / Lorena (joven)

_____Beti es la hermana más joven._____

1. Dos hijos: Tomás / Roberto (joven)

_____

2. Dos parientes: doña Matilde / Tomás (paciente)

_____

3. Tres bebidas: la leche / el jugo / el agua (dulce)

_____

4. Dos postres: el pastel / la fruta (nutritivo)

_____

5. Dos comidas: el almuerzo / la cena (grande)

_____

6. Tres personas: Juan / Roberto / doña Matilde (anciano)

_____

I. ¡Feliz cumpleaños! Lea la tarjeta de cumpleaños. Luego conteste las preguntas.

Algunos Cumpleaños

*pasan desapercibidos,
pero nunca el tuyo. . .*

*Porque para muchas
personas
eres la mejor:
la mejor amiga,
la mejor hermana,
la mejor compañera,
y hoy todos
los que te queremos,
haremos de tu
cumpleaños un día
muy especial.*

FELICITACIONES!

Lorena ROBERTO
Tomás

1. ¿Para quién es esta tarjeta?

   _____

2. ¿Cuántos años cumple ella hoy?

   _____

3. ¿Quiénes van a darle la tarjeta?

   _____

4. ¿Qué relación tienen ellos con la quinceañera?

   _____

J. Tres hermanos. Escriba oraciones originales para comparar a Lorena, Beti y Tomás Velarde. Use la información en las ilustraciones en la página 112 y lo que usted sabe de estos tres hermanos.

Ejemplo: Beti es la más pequeña.

   Lorena es tan alta como Tomás.

   Tomás come menos dulces que Beti.

_____

_____

_____

_____

_____

_____

Ser and estar (Summary)

K. Roberto Velarde. Para aprender un poco sobre Roberto, complete los siguientes párrafos con formas apropiadas de los verbos **ser** o **estar**.

¡Hola! Yo _____ Roberto Velarde y _____ venezolano. Ahora vivo en San Felipe con mi familia, pero originalmente _____ de Caracas, que _____ la capital de Venezuela.

_____ casado con Silvia, que _____ una persona inteligente y simpática. Tenemos un niño que se llama Memo. Nuestro hijo _____ guapo y muy cómico, a veces. _____ muy contento con él porque aprende rápidamente. _____ un niño bueno.

Yo _____ mecánico y siempre _____ ocupado con mi trabajo porque tengo muchos clientes. Mi garaje _____ en el centro de San Felipe. No _____ muy grande, pero _____ interesante trabajar allí.

Ya _____ las dos de la tarde y _____ hora de comer. Creo que Memo _____ mirando la televisión porque le gusta mucho. Hoy yo _____ un poco cansado y voy a dormir la siesta por la tarde. Para mí _____ importante descansar después de trabajar toda la mañana. Pues, perdón… voy a comer. Mi mamá prepara la mejor comida de San Felipe. ¡_____ muy rica!

L. ¿Y usted? Escriba cuatro párrafos, usando las oraciones incompletas como guía.

Mi nombre (es / está) _____. (Estoy / Soy) de [ciudad y estado / provincia], (y / pero)

ahora vivo en [ciudad y estado / provincia]. Tengo [#] años; mi cumpleaños (es / está) el [#] de [mes].

Mi (casa / apartamento / residencia) (es / está) [adjetivo]. Normalmente, (soy / estoy) contento/a

porque… Físicamente, (soy / no soy / estoy / no estoy) en buenas condiciones porque…

(Soy / Estoy + profesión) _____. Tomo clases en la (escuela / universidad), que es /

está) muy [adjetivo]. (Soy / Estoy) ocupado/a con mis clases que (son / están) un poco [adjetivo]. Mi clase

favorita (es / está) [curso]. Mis profesores (son / están) [adjetivo].

Hoy (es / está) [día] y ahora (es / son / está / están) la / las [#] de la (mañana / tarde / noche). En este

momento, (estoy / soy) [participio del presente], y (estoy / no estoy / soy / no soy) cansado/a porque…

_____

_____

_____

_____

_____

_____

_____

_____

_____

_____

_____

_____

_____

AUTOPRUEBA

Vocabulario

A. ¿Qué tiempo hace? Complete cada oración correctamente.

1. En el otoño de Vermont hace (fresco / calor).

2. En el invierno de Michigan hace (calor / frío).

3. En el verano de Arizona hace mucho (frío / calor).

4. En la primavera de Washington (llueve / nieva) mucho.

B. El cuerpo humano. Empareje cada verbo con una parte que se asocia con ese verbo.

1. ver   a. el pelo
2. caminar   b. la cara
3. escuchar   c. la mano
4. escribir   d. los ojos
5. peinarse   e. los pies
6. afeitarse   f. las orejas

Gramática

A. Entre amigas. Complete la siguiente conversación, usando los verbos de la lista.

lavarse   vestirse   ducharse   levantarse

CECILIA: ¿A qué hora _____ por la mañana, Lorena?

LORENA: Los días de clase _____ a las siete.

CECILIA: ¿Qué haces después de _____?

LORENA: Voy al baño y _____ por diez minutos. Luego _____

y desayuno. Después, _____ los dientes y salgo para el politécnico.

B. En el invierno. Complete las siguientes oraciones, usando palabras apropiadas y construcciones gramaticales para hacer comparaciones.

Ejemplo: En el invierno llueve más en Oregón que en Arizona.

En el invierno…

1. hace _____ frío en Maine _____ en Nuevo México.

2. hace _____ frío en Wisconsin _____ en Michigan.

3. es _____ estar en Hawai _____ en Alaska.

4. está _____ nublado en Idaho _____ en la Florida.

C. Lorena Velarde. Complete el siguiente párrafo, usando formas apropiadas de los verbos **ser** y **estar**.

Lorena Velarde _____ estudiante de hostelería. Ella _____ una mujer inteligente. Lorena no _____ casada, pero tiene novio. _____ bastante ocupada con sus estudios. Para ella una carrera _____ importante. Lorena _____ secretaria ahora, pero quiere _____ directora de un hotel grande.

Cultura

Complete las siguientes oraciones con la palabra o frase más apropiada entre paréntesis.

1. Cumplir (quince / dieciséis) años es importante para las jóvenes hispanas. _____

2. Una quinceañera es (una celebración / una mujer joven). _____

3. Quince grados centígrados son (más / menos) de setenta grados Fahrenheit. _____

4. Cuando es primavera en el Canadá, es (verano / otoño / invierno / primavera) en la Argentina. _____

ANSWERS TO AUTOPRUEBA

Vocabulario

A. ¿Qué tiempo hace?

1. fresco   3. calor
2. frío   4. llueve

B. El cuerpo humano

1. d   3. f   5. a
2. e   4. c   6. b

Gramática

A. Entre amigas

te levantas, me levanto, levantarte, me ducho, me visto, me lavo

B. ¿Cómo es en el invierno?

1. más…que   3. mejor…que
2. tanto…como   4. más…que

C. Lorena Velarde

es, es, está, Está, es, es, ser

Cultura

1. quince   2. una mujer joven   3. menos   4. otoño

Actividades y ejercicios orales

EN CONTEXTO

¡Felicidades, Beti! Hoy es la fiesta de quince años de Beti, y todos están entusiasmados. Mientras escuche la descripción de los sucesos, enumere las fotos en orden del 1 a 6.

_____   _____   _____

_____   _____   _____

VOCABULARIO ÚTIL

A. El tiempo, la fecha, las actividades. Ud. va a escuchar una serie de frases incompletas sobre el tiempo, las fechas o actividades. Marque con un círculo la respuesta más apropiada para completar cada oración.

1.	hace frío	hace calor	hay mucha nieve
2.	hace calor	llueve	hace frío
3.	nadar	patinar	esquiar
4.	sol	nieve	nublado

B. El pronóstico del tiempo. Ud. está escribiendo un boletín meteorológico para un periódico local. Tome apuntes sobre el boletín oficial mientras es transmitido.

I. Nueva York	Hoy:	
	Mañana:	
2. Miami	Hoy:	
	Mañana:	

C. Las cuatro estaciones del año. Ud. va a escuchar una descripción de cada una de las estaciones del año. Escriba, en los espacios dados, el nombre de cada estación y las actividades típicas mencionadas.

⌐ **Hint:** Before doing this exercise, think about the different types of activities that are popular each season.

Ejemplo: En esta estación hace frío y nieva mucho. A los niños les gusta patinar.

	ESTACIÓN	ACTIVIDADES
Ejemplo:	invierno	patinar
1.		
2.		
3.		
4.		

D. Los años. Ud. va a escuchar oraciones que mencionan hechos históricos importantes. Escriba cada año al momento de oírlo.

1. El imperio romano cayó en _____ .

2. Los musulmanes entraron en la Península Ibérica en _____ .

3. La revolución francesa tuvo lugar en _____ .

4. El Canal de Panamá se terminó en _____ .

5. John F. Kennedy fue elegido presidente en _____ .

6. Los primeros astronautas llegaron a la luna en _____ .

E. El cuerpo. Ud. va a escuchar afirmaciones relacionadas con las diferentes partes del cuerpo. Mientras las escucha, enumera el dibujo y escriba en español el nombre de cada parte del cuerpo.

PRONUNCIACIÓN ESENCIAL

Spanish *c* and *z*

1. In Latin America and some areas of Spain, *z* and the letter *c* before *e* and *i* are pronounced like the *s* in the English word **swim.** Listen to the following sentences and repeat them during the pause.

    —**C**e**c**ilia, ¿qué tiempo ha**c**e en Mendo**z**a, Venezuela?
    —Hoy, el quin**c**e de mar**z**o, ha**c**e buen tiempo.
    —Y en di**c**iembre, ¿qué tiempo ha**c**e?
    —A ve**c**es ha**c**e calor… hasta veinti**c**inco grados.

2. In most of Spain, *z* and the letter *c* before *e* or *i* are pronounced like the **th** in **think.** Listen to the folllowing sentences. The first speakers have a typical Spanish accent, while the second speakers have a typical Latin American accent. Repeat the sentences after each speaker, trying to imitate the sounds you hear.

    —Vi**c**ente, ¿qué tiempo ha**c**e en **Z**arago**z**a, España?
    —Hoy, el quin**c**e de mar**z**o, ha**c**e frío.
    —Y en di**c**iembre, ¿qué tiempo ha**c**e?
    —A ve**c**es, ha**c**e mucho frío, hasta **c**inco grados bajo **c**ero.

3. In all other positions, the Spanish *c* has a hard sound like the **c** in **car.**

    —Qué **c**alor, ¿no, Ri**c**ardo?
    —Sí, **C**armen… ¡y en o**c**tubre! Tengo sed.
    —Yo también. Vamos a un **c**afé.
    —Bien. Voy a tomar un refres**c**o bien frío.
    —Y yo voy a tomar un **c**afé **c**apuchino.

Spanish _q_

The Spanish _q_ also has a hard **k** sound as in **Katy.** In written form _q_ is always followed by
_u_. Listen and repeat the following sentences.

—¿**Qué** tal Ra**qu**el? ¿**Qué** tienes ganas de hacer?
—**Qu**iero ir al par**qu**e.
—¿Con **qu**ién vas, **qu**erida?
—¡Contigo, Joa**qu**ín!
—¡**Qué** romántico!

GRAMÁTICA FUNCIONAL

A. Los adolescentes. Escuche la conversación entre Rosa y su amiga Encarna,
mientras ellas comparan las rutinas matinales de sus dos hijas. Indique si se trata de
Lorena o de Elena (o de las dos) en las ilustraciones, y escriba la hora en la que se hace
la acción.

🖋 **Hint:** Study the verbs in _Lección 6_ of your textbook before listening to the conversation. Look at the illustrations and think about when you perform each activity.
How could you tell a friend about your morning routine using the Spanish verbs
you know? Which of the actions pictured are not described by reflexive verbs?

¿Quién? _____

Hora(s) _____

¿Quién? _____

Hora(s) _____

¿Quién? _____

Hora(s) _____

¿Quién? _____

Hora(s)_____

¿Quién? _____

Hora(s)_____

¿Quién? _____

Hora(s)_____

B. ¿Qué hace usted? El narrador va a leer nueve oraciones sobre su rutina diaria.
Conteste con oraciones completas, comenzándolas con **Sí** o **No.**

Ejemplo: Usted prefiere acostarse temprano (*early*).

Sí, yo prefiero acostarme temprano.

O: _No, no prefiero acostarme temprano._

1. _____

2. _____

3. _____

4. _____

5. _____

6. _____

7. _____

8. _____

9. _____

C. Los hermanos. Ud. va a escuchar un párrafo describiendo a dos hermanos, Manuel y Javier. Escuche la descripción e indique si las siguientes oraciones son **correctas (C), incorrectas (I)** o **no hay suficiente información (N).**

	C	I	N
1. Manuel es más musical que Javier.	_____	_____	_____
2. Javier tiene más hijos que Manuel.	_____	_____	_____
3. Manuel tiene tanto dinero como Javier.	_____	_____	_____
4. Manuel trabaja más que Javier.	_____	_____	_____
5. Javier es mayor que Manuel.	_____	_____	_____

D. Opiniones. Ud. es un estudiante extranjero de intercambio en Venezuela y se le pide su opinión sobre varios tópicos. Diga su opinión usando un superlativo, según la información dada.

Ejemplo: deporte / interesante

El fútbol es el deporte más interesante.

1. estado / bonito

_____

2. ciudades / interesantes

_____

3. clase / difícil

_____

4. actriz / mejor

_____

5. programas de televisión / populares

_____

6. estación / divertida

_____

E. La fiesta de Beti. Ud. está concurriendo a la fiesta de cumpleaños de Beti y le presentan a Tito, uno de sus primos mayores. A modo de iniciar una conversación, él le hace a usted algunas preguntas. Contéstele durante la pausa y escriba sus respuestas en el espacio dado.

1. _____

2. _____

3. _____

4. _____

5. _____

6. _____

7. _____

8. _____

LECCIÓN

7

¡Julio, es hora de levantarte!

Actividades y ejercicios escritos

EN CONTEXTO

Entre esposos

Lea el párrafo y la conversación en la sección *En contexto* en la página 1125
71 de su libro de texto. Luego, basado en lo que usted leyó, indique quién diría *(would say)* las siguientes oraciones: **Julio** o **Gloria**.

1. —Pero quiero dormir un poco más. _____

2. —Ay, ¡ya es hora de levantarte! _____

3. —En mi Isla siempre hace calor. _____

4. —Tenemos que hacer muchas cosas. _____

5. —Tenemos que ir de compras hoy. _____

6. —Trabajé hasta la una y media. _____

VOCABULARIO ÚTIL

Los cuartos, los muebles y los aparatos eléctricos

A. Hogar, dulce hogar. Escriba el nombre de las partes de la casa, los cuartos y los aparatos eléctricos en las líneas indicadas en la página 124.

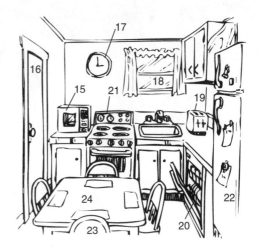

1. _____	13. _____
2. _____	14. _____
3. _____	15. _____
4. _____	16. _____
5. _____	17. _____
6. _____	18. _____
7. _____	19. _____
8. _____	20. _____
9. _____	21. _____
10. _____	22. _____
11. _____	23. _____
12. _____	24. _____

B. En casa. Complete las siguientes oraciones con palabras apropiadas de cada lista.

Los cuartos

sala	cocina	comedor
baño	garaje	dormitorio

1. En mi _____ hay dos camas.

2. Me gusta mirar la tele en la _____.

3. Me ducho todas las mañanas en el _____.

4. Preparo el desayuno en mi _____ pequeña.

5. Mi familia y yo almorzamos en nuestro _____.

6. Mi auto japonés está en el _____ en este momento.

Los muebles

cama	sillón	bañera
silla	lavabo	tocador
cuadro	espejo	alfombra

7. Duermo muy bien en mi _____ de agua.

8. Me gusta leer en el _____ de la sala.

9. Me lavo las manos en el _____ del baño.

10. Cuando me pinto la cara, uso un _____ pequeño.

11. Necesitamos otra _____ en nuestro comedor.

12. En nuestra sala tenemos una _____ de Persia.

13. Mis suéteres están en el _____ de mi dormitorio.

14. En nuestra sala hay un _____ de una artista famosa.

15. Nuestra ducha no funciona; por eso, usamos la _____.

Los aparatos eléctricos

reloj	secadora	disco compacto
lámpara	aspiradora	videocasetera
lavadora	despertador	horno de microondas

16. Primero, uso una _____ en la lavandería.

17. Después de lavar la ropa, uso la _____.

18. La alarma de mi _____ no funciona bien.

19. Uso una _____ para leer bien por la noche.

20. Me gusta escuchar música de mi _____.

21. Para saber qué hora es, miro el _____ de la cocina.

22. Nuestra _____ limpia bien todas las alfombras.

23. Nuestro televisor está conectado a una _____.

24. Mis amigos y yo preparamos pizza en un _____.

C. ¿Cómo es su casa? Describa su casa, apartamento o residencia estudiantil. Por ejemplo: cuántos cuartos hay, cuáles son y qué muebles y aparatos eléctricos tiene cada cuarto.

_____

_____

_____

_____

_____

_____

Atajo	**Functions:**	Describing objects
	Vocabulary:	House: bathroom, bedroom, kitchen, livingroom, furniture; colors; plants; gardens
	Grammar:	Adjectives: position; verbs: *ser, estar, tener*

Los quehaceres

D. ¡A trabajar! Describa lo que están haciendo los Sepúlveda en las ilustraciones.

1. Julio está lavando la bañera. _____

2. _____

3. _____

4. _____

5. _____

6. _____

7. _____

8. _____

E. En mi casa. Describa quiénes hacen los quehaceres en su casa, y con qué
frecuencia los hacen.

a veces
muchas veces
dos veces al mes
una vez a la semana
(casi) nunca
(casi) siempre
todos los días
cada día (mes/año)

Ejemplo: _Lavo los platos frecuentemente pero, a veces, mi hermana_

también lava los platos.

_____

_____

_____

_____

_____

_____

GRAMÁTICA FUNCIONAL

Preterite of Regular Verbs

A. Día tras día. Ahora usted va a saber un poco sobre la rutina diaria de los Sepúlveda. Después de leer el siguiente párrafo, cambie *(change)* los verbos al pretérito para expresar lo que pasó ayer.

Los días de semana Gloria **se levanta** a las seis, **se prepara** un café con leche y pan tostado y **mira** la televisión mientras **toma** el desayuno. A las seis y media **suena** el despertador de Julio, pero él no lo **oye.** Quince minutos más tarde, Gloria **despierta** a su marido, quien **se levanta, se ducha** y **se afeita.** Luego, Gloria y Julio **despiertan** y **bañan** a sus niños, y Julio **desayuna** con ellos. A las siete y media **llega** una amiga de Gloria para estar con los niños. A las ocho menos cuarto Julio y Gloria **salen** para su trabajo.

Ayer Gloria se levantó a las seis, _____

_____

_____

_____

_____

_____

_____

_____

B. ¿Qué le pasó a Miguel? Describa lo que le pasó ayer y hoy a Miguel, un primo de Julio. Use formas apropiadas del pretérito de los verbos entre paréntesis.

Ayer [yo] (almorzar) _____ con mi amiga Rosa María, a quien (conocer)

_____ en un baile la semana pasada. Después, [yo] (jugar) _____

póker con ella en su casa, luego (tocar) _____ la guitarra. Rosa y yo lo (pasar)

_____ toda la tarde bien. Entonces [yo] (volver) _____ a mi

apartamento, (mirar) _____ un poco la televisión y (leer) _____

veinte páginas de una novela romántica. Finalmente, (acostarse) _____ a las doce.

     Esta mañana [yo] (levantarse) _____ a las ocho, (afeitarse)

_____ , (bañarse) _____ y (desayunar) _____.

Luego (salir) _____ del apartamento y (tomar) _____ un taxi a la

casa de Rosa María. (Llegar) _____ allí en veinte minutos y (llamar)

_____ dos veces a su puerta, pero ella no (contestar) _____. Por la

tarde, (volver) _____ a casa y (acostarse) _____ en el sofá. Diez minutos más tarde, [yo] (comenzar) _____ a soñar con Rosa María y…

Ahora continúe la narración de Miguel, usando diferentes verbos en el pretérito.

_____

_____

_____

_____

_____

_____

C. ¿Qué le pasó a usted? Describa sus actividades de los dos últimos días.
Describa qué pasó durante el día como, por ejemplo, a qué hora se levantó usted, con
quién habló, a quién conoció, dónde y qué comió, etcétera.

_____

_____

_____

_____

_____

_____

Atajo

Functions: Expressing time relationships; talking about daily routines
Vocabulary: Arts; house: bathroom, bedroom; board games; classroom; studies;
household chores; food; office
Grammar: Verbs: preterite

The Verb Form *hace* + Time (Ago)

D. ¿Cuánto tiempo hace? Conteste las siguientes preguntas según lo que usted ve en cada ilustración y según su imaginación.

Ejemplo: ¿Cuánto tiempo hace que Juan Carlos celebró su cumpleaños?

<u>Juan Carlos celebró su cumpleaños hace dos años.</u>

1. ¿Cuánto tiempo hace que Julio lavó los platos?

_____

2. ¿Cuántas horas hace que comió Susana María?

_____

3. ¿Cuánto tiempo hace que Gloria y Julio se acostaron?

_____

Direct Object Pronouns

E. Por teléfono. Gloria y su amiga Rufina están hablando por teléfono. Lea las preguntas de estas dos amigas; luego escriba sus respuestas.

Ejemplo: GLORIA: ¿Recibiste mi carta, Rufina? (Sí, ..., ayer)

RUFINA: <u>Sí, la recibí ayer.</u>

1. GLORIA: ¿Ya leíste mi invitación? (Sí..., dos veces)

   RUFINA: _____

2. RUFINA: ¿Invitaste a Mario y Luisa a tu fiesta? (Sí, ...)

   GLORIA: _____

3. RUFINA: ¿Invitaste a Berta y Emilia? (Sí, ... también)

   GLORIA: _____

4. GLORIA: Rufina, ¿me llamaste ayer por la tarde? (No, ...)

   RUFINA: _____

5. RUFINA: Pero llamé a Julio. (¿Por qué...?)

   GLORIA: _____

6. RUFINA: Porque mi lavadora no funciona. (¿Puede él reparar...?)

   GLORIA: _____

   RUFINA: Espero que sí, Gloria.

F. En la casa de los Sepúlveda.

F. En la casa de los Sepúlveda. Lea cada pregunta, luego escriba las respuestas lógicas, como en el ejemplo.

Ejemplo: GLORIA: ¿Cuándo vas a bañar a Susana María? (... en media hora)

JULIO: <u>Voy a bañarla en media hora.</u>

1. JULIO: Hijo, ¿cuándo vas a limpiar tu cuarto? (...ahora, papá)

   JUAN: _____

2. JULIO: ¿Vamos a limpiar el apartamento mañana? (No. ...el sábado)

   GLORIA: _____

3. JULIO: ¿A qué hora vamos a lavar la ropa, Gloria? (...a las ocho)

   GLORIA: _____

4. GLORIA: Estoy cansada. ¿Quieres lavar los platos, Julio? (ahora)

   JULIO: _____

5. GLORIA: ¡Uy! ¿Cuándo vas a lavarte esas manos? (…esta noche, mamá)

   JUAN: _____

G. ¡A trabajar! Conteste las siguientes preguntas personales en oraciones completas, usando un pronombre de un objeto directo en su respuesta.

Ejemplo: ¿Con quién estudia usted el español?

   Lo estudio con mi amiga Heather.

1. ¿Por qué estudia usted español?

   _____

2. ¿Estudia usted poco o mucho la gramática?

   _____

3. ¿Dónde escribe usted los ejercicios en este libro?

   _____

4. ¿Escucha usted las cintas para este libro?

   _____

5. ¿Quiere usted aprender francés y alemán también?

   _____

   . . . .

6. ¿Quién hace los quehaceres en su casa?

   _____

7. ¿Dónde pasa usted la aspiradora?

   _____

8. ¿Quién lavó los platos en su casa ayer?

   _____

9. ¿Cúando saca usted la basura de su dormitorio?

   _____

10. ¿Con qué frecuencia hace usted la cama?

   _____

AUTOPRUEBA

Vocabulario

A. Los muebles. Empareje *(match)* las acciones con los muebles.

1. Escribo mis cartas en…   mi cama
2. Guardo toda mi ropa en…   la ducha
3. Me pinto la cara usando…   un sillón
4. Leo mi libro sentada en…   un espejo
5. Duermo bastante bien en…   un armario
6. Por la mañana me baño en…   un escritorio

B. Los aparatos eléctricos. Empareje las acciones con los aparatos eléctricos, apropiadamente.

1. Siempre lavo mi ropa en…   un reloj
2. Preparo comida rápida en…   una lámpara
3. Limpio las alfombras con…   una lavadora
4. Me despierto a tiempo con…   una aspiradora
5. Escucho música con…   un despertador
6. Sé qué hora es cuando miro…   una videocasetera
7. Veo películas en video con…   un disco compacto
8. Por la noche leo mejor con…   un horno de microondas

C. Los quehaceres. Empareje los quehaceres con los lugares donde se los hacen.

1. Lavo la ropa en…   la sala
2. Pongo la mesa en…   el patio
3. Lavo los platos en…   la cocina
4. Corto el césped en…   el comedor
5. Paso la aspiradora en…   la lavandería

Gramática

A. Por la tarde. Complete la siguiente conversación, usando el pretérito de los verbos entre paréntesis.

JULIO: Gloria, ¿ya _____ (almorzar) Juan Carlos?

GLORIA: Sí, yo _____ (almorzar) con él a las dos. Nosotros

_____ (comer) un sandwich y una ensalada. Yo

_____ (tomar) café y él

_____ (beber) leche de chocolate. ¿Ya

_____ (despertarse) Susana María?

JULIO: Sí, y ella _____ (descansar) bastante. Hace quince minutos

que yo la _____ (bañar).

B. A la hora de la cena. Complete las converssciones con los pronombres **me, te, lo, la, las** o **los.**

1. —Preparaste una cena muy buena, Julio. Eres tan simpático.

   —Gracias, Gloria. _____ preparé porque sé que estás ocupada hoy.

2. —Juan Carlos, ¿ya comiste tu pescado?

   —Pues… no, papá. El gato está comiéndo_____.

3. —¿_____ quieres, mamá?

   —Sí, tu papá y yo _____ queremos mucho, Juan Carlos.

4. —De postre quiero una de esas naranjas, papá.

   —Bien, Juan Carlos. Acabo de comprar_____ en el mercado.

Cultura

Lea cada oración, luego indique si es verdadera (**Sí**) o falsa (**No**).

1. Casi todos los residentes de países hispanos viven en casas coloniales. _____

2. Las casas varian de acuerdo con el clima. _____

3. Algunos paises Latinoamericanos ya tienen programas de Estudios de la Mujer en las universidades. _____

ANSWERS TO AUTOPRUEBA

Vocabulario

A. Los muebles

1. un escritorio
2. un armario
3. un espejo
4. un sillón
5. mi cama
6. la ducha

B. Los aparatos eléctricos

1. una lavadora
2. un horno de microondas
3. una aspiradora
4. un despertador
5. un disco compacto
6. un reloj
7. una videocasetera
8. una lámpara

C. Los quehaceres

1. la lavandería
2. el comedor
3. la cocina
4. el patio
5. la sala

Gramática

A. Por la tarde

almorzó, almorcé, comimos, tomé, bebió, se despertó, descansó, bañé

B. A la hora de la cena

1. La
2. lo
3. Me, te
4. las

Cultura

1. No
2. Sí
3. Sí

Actividades y ejercicios orales

EN CONTEXTO

El sábado. Escuche la siguiente conversación entre Julio y Gloria. Complete el recuadro de abajo, según la información dada.

⌐╝ **Hint:** Look over the chart before beginning to get an idea of what you will be listening for.

dónde viven:	
profesión de Julio:	
profesión de Gloria:	
edad de Julio:	
edad de Gloria:	
niños:	
actividades de Gloria por la mañana:	
los quehaceres:	
actividad de Gloria y Julio por la tarde:	

VOCABULARIO ÚTIL

A. Un apartamento de verano. Algunas familias de la ciudad en los países de habla española tienen una casa o apartamento de verano, que puede ser localizado en el campo o en la playa. Escuche los anuncios, y marque con un círculo los elementos mencionados en cada uno.

⌐╝ **Hint:** Before listening to the tape, look over the information listed for each advertisement. Anticipate what you may hear and listen for cognates and key phrases.

1. **Navapark**
   apartamentos

   terraza

   sala con chimenea

   piscina

   porche grande

   en las montañas

2. **Faromar**   apartamentos/estudios

cocina moderna

club social

chimeneas

patio

3. **Cerro Blanco**   apartamentos

jardines grandes

en las montañas

club social

piscina

tenis

4. **Pinar de Chamartín** apartamentos

terraza

horno de microondas

aire acondicionado

comedor grande

B. Los muebles y los aparatos eléctricos. Ud. va a escuchar a Gloria
Sepúlveda describiendo objetos encontrados en ciertos cuartos del apartamento de
su familia. Escuche cada descripción y escriba el nombre del cuarto apropiado.

1. _____   4. _____

2. _____   5. _____

3. _____

C. Un fin de semana. Julio y Gloria están hablando de
los quehaceres que tienen que hacer durante el fin de semana.
Escuche la conversación y complete el recuadro.

Hint: Even though you will not understand all of the
words or phrases in this dialogue, you should still
be able to decide which household chores must be
performed and by whom.

LOS QUEHACERES / PERSONA(S)

D. Más quehaceres. Julio está pensando en voz alta mientras hace sus quehaceres. Podemos acertar en que cuarto está o que trabajo está realizando solamente de lo que él dice. Escriba el número apropiado en los espacios en blanco de abajo. La primera actividad es 1, la segunda 2, etc.

_____ se baña

_____ el dormitorio

_____ el lavaplatos

_____ el salón con el estéreo

_____ la cocina

_____ el jardín

_____ la aspiradora

_____ lava la ropa

PRONUNCIACIÓN ESENCIAL

Spanish *ll* and *y*. Pronunciation of the Spanish *ll* and *y* varies widely in the Spanish-speaking world. In general, *ll* and initial *y* are pronounced like the **y** in **yo-yo.** As you know, the word *y* (and) is pronounced like the **i** in **machine.** Repeat the sentences after the speaker.

—Mi amiga de Sevilla va a llegar hoy.
—Ah, ¿sí, Guillermo? ¿Cómo se llama ella?
—Se llama Yolanda Yañez Carrillo.
—¿Quieres desayunar con nosotros?
—Sí, gracias. Voy a traer tortillas y mantequilla.
—¿Tortillas para el desayuno? ¡Ay, no, Yolanda!
—Entonces, traigo panecillos y mantequilla.
—Bien. Desayunamos en la terraza si no llueve.

Spanish *ñ*. The Spanish *ñ* is pronounced approximately like the **ny** sound in **canyon.** Repeat the sentences after the speaker.

—¿Dónde está su niño, doña Yolanda?
—¿Toño? Está bañándose en la bañera.
—Mañana es el cumpleaños de Toño, ¿no?
—No, Guillermo. Mañana es mi cumpleaños.
—Ah, ¿sí? ¡Feliz cumpleaños, doña Yolanda!
—Gracias.

GRAMÁTICA FUNCIONAL

A. Una visita a Long Island. Julio, Gloria y sus dos hijos van a visitar a la familia Hernández en Long Island. Antes de salir, Julio y Gloria verifican si tienen todo lo que necesitan. Haga el papel de Julio o Gloria y conteste las preguntas durante la pausa. Después de la pausa Ud. escuchará las respuestas correctas.

> **Hint:** Remember that when you substitute a direct object pronoun for the direct object in the sentence, you must omit the noun or noun phrase. For example, *Tengo los libros* becomes *Los tengo.*

Ejemplo: GLORIA: ¿Tienes los regalos, Julio?

JULIO: Sí, los tengo.

B. La vida universitaria. Una profesora de Puerto Rico visita su universidad y quiere hacerle algunas preguntas sobre la vida estudiantil. Conteste sus preguntas usando el pronombre correcto.

Ejemplo: ¿A qué hora tiene usted su clase de español?

La tengo a las 8:00 de la mañana.

> **Hint:** Remember that in actual conversation, you use more than the present tense. In this activity be prepared to respond to questions in both the present and past tenses.

1. _____

2. _____

3. _____

4. _____

5. _____

6. _____

7. _____

8. _____

C. Un día normal. Julio prepara un resumen de su día de trabajo para su jefe. Escuche mientras habla de lo que pasó hoy y enumere (*number*) cada dibujo en el orden correcto.

> **Hint:** Remember that Julio is a police officer in Manhattan. Look at the illustrations and think about how you would describe in Spanish the typical tasks Julio might accomplish in a day. Listen for key words and phrases.

_____

_____

_____

_____

_____

_____

_____

D. Ya lo he hecho. Juan Carlos habla con sus padres y les hace algunas preguntas. Él está interesado especialmente en las actividades y los quehaceres domésticos, pues ve que su padres trabajan muchísimo. Conteste de la manera que lo haría Gloria o Julio, diciendo que ya ha hecho la actividad mencionada. Siga el modelo y escriba su respuesta en el espacio dado.

JUAN CARLOS: Papi, ¿comiste el almuerzo? Quiero ver.

JULIO: Ya lo comí.

1. _____

2. _____

3. _____

4. _____

5. _____

6. _____

8

¿Cómo me queda?

Actividades y ejercicios escritos

EN CONTEXTO

De compras

Lea el párrafo y la conversación en la sección *En contexto* en la página 196 de su libro de texto. Luego, basado en lo que usted leyó, conteste brevemente las siguientes preguntas.

1. ¿Quiénes fueron de compras al almacén Macy's?

   _____

2. ¿En qué estación del año fueron allí?

   _____

3. ¿Qué compraron en ese almacén?

   _____

4. ¿Quién pagó por el vestido blanco?

   _____

5. ¿Cómo pagó?

   _____

6. ¿Adónde tuvieron que ir después de salir del almacén?

   _____

VOCABULARIO ÚTIL

La ropa y los accesorios

A. ¿Qué llevan estas personas? Complete las oraciones con las palabras apropiadas.

1. La muchacha lleva _____

   _____ .

2. La señora lleva _____

   _____ .

3. El muchacho lleva _____

   _____ .

4. El señor lleva_____

   _____ .

5. Y hoy yo llevo _____

   _____ .

B. Los accesorios. Lea cada oración, luego busque la palabra descrita y escríbala en el espacio correspondiente.

| la bolsa | los aretes | la mochila | los anteojos de sol |
| el collar | el paraguas | el cinturón | |

1. Uno lo lleva con pantalones. _____

2. Son adornos para mujeres. _____

3. Es otro adorno para mujeres. _____

4. Las mujeres ponen dinero y otras cosas en esto. _____

5. Normalmente, uno lo lleva cuando llueve. _____

6. Contiene los libros y papeles estudiantiles. _____

7. Uno los lleva para protegerse del sol. _____

C. En una tienda de ropa.
Complete la siguiente conversación entre usted y una dependiente de una tienda de ropa, usando palabras apropiadas.

ELLA: (Buenos/Buenas) _____. ¿En qué puedo servirle?

USTED: Quiero comprar un regalo para mi _____.

ELLA: Pues, tenemos (estos/estas) _____. Son muy bonitos(as), ¿no?

USTED: Sí, pero ya tiene _____. ¿Tiene usted _____?

ELLA: Claro que sí, (señor/señorita/señora). ¿Qué talla usa su _____?

USTED: Creo que usa la talla _____.

ELLA: Muy bien. ¿Qué color prefiere usted?

USTED: _____.

ELLA: Perfecto. Aquí hay _____.

USTED: ¿Cuánto cuesta(n)?

ELLA: _____.

USTED: Está bien. Quiero _____.

ELLA: Sí, (señor/señorita/señora).

D. Situaciones.
Escriba una conversación entre un(a) dependiente de una tienda de ropa y su cliente, según las situaciones indicadas.

DEPENDIENTE: Esta persona trabaja a comisión. Si vende mucha ropa, gana mucho dinero, pero si vende poca, gana poco. Por eso, él (ella) necesita persuadir bien a sus clientes para que compren la ropa que les interesa.

CLIENTE: Esta persona tiene dinero, pero es muy conservadora. Hoy quiere comprar un traje y un par de zapatos elegantes.

_____

_____

_____

_____

_____

_____

_____

_____

_____

_____

_____

_____

Atajo

Functions: Agreeing and disagreeing; asking information; asking the price; attracting attention; expressing an opinion; persuading; asking for help; thanking

Vocabulary: Clothing; colors

Grammar: Adjectives; personal pronouns; verbs: compound tenses, irregular preterite

Preterite of Irregular Verbs

A. Dos amigas. Complete las conversaciones, usando formas apropiadas de los verbos indicados.

1. **hacer**

   GLORIA: ¿Qué _____ ayer, Carmen?

   CARMEN: No _____ mucho. ¿Qué _____ tú y Julio?

   GLORIA: No _____ nada.

2. **ir**

   LUPE: ¿Adónde _____ anoche, Gloria?

   GLORIA: No _____ a ninguna parte, pero Julio y los niños

   _____ al Parque Central. ¿Adónde _____ tú?

   LUPE: Mis amigos y yo _____ a un restaurante chino.

   GLORIA: ¿También _____ tu amiga china Yi-Lin con ustedes?

   LUPE: No, ¡Ella _____ a un restaurante japonés!

B. ¿Recuerda usted? ¿Recuerda usted lo que pasó en el almacén Macy's? Complete la siguiente narración y conversación con formas en el pretérito de los verbos en la lista.

ir	ver	venir	decir	ponerse
dar	hacer	pasar	llevar	traer (2 veces)

Julio y su familia _____ de compras al almacén Macy's. Allí Gloria

_____ un bonito vestido blanco que _____. Luego le

_____ a su marido:

—¿Qué te parece, Julio?

—Es perfecto para la fiesta. ¿Recuerdas la fiesta que _____ los Reynosa el año

pasado?

—Claro que sí. Nosotros _____ un pastel que yo _____.

_____ mucha gente, ¿verdad?

—Sí, (nosotros) lo _____ bien.

—Bueno, Julio. Ahora voy a comprar este vestido.

—Oye, ¿_____ tu tarjeta de crédito?

—Sí. La _____ . Aquí está aquí en mi bolsa.

C. ¡Otra fiesta! Julio y Gloria tuvieron una fiesta de cumpleaños en su apartamento. ¿Qué pasó allí?

Ejemplo: Luisa Reynosa / traer un pastel rico

Luisa Reynosa trajo un pastel rico.

1. Julio les (dar) un abrazo a sus amigos.

   _____

2. Los Reynosa (traer) un enorme pastel de chocolate.

   _____

3. Gloria (saber) que su amiga (tener) una operación.

   _____

4. Dos amigos de Juan Carlos le (decir) algunos secretos.

   _____

5. Julio (ir) al supermercado donde (comprar) más refrescos.

   _____

6. Juan Reynosa (estar) un poco enfermo, pero ahora está bien.

   _____

7. Todos (poder) bailar bien, con la excepción de tres personas.

   _____

8. Juan Carlos (ponerse) el pijama, y (acostarse) en su dormitorio.

   _____

9. Dos amigos de Juan Carlos no (querer) salir de la fiesta.

   _____

10. Todos (decir) que la fiesta (ser) realmente maravillosa.

   _____

D. ¿Y usted? Describa una fiesta que le gustó a usted.

Describe…
- where you went.
- what you brought.
- who came to the party.
- who else you saw there.

- what kind of food there was.
- what interesting gossip you found out.
- who told you those interesting tidbits.
- what you did before you went home.

_____

_____

_____

_____

_____

_____

_____

_____

_____

Preterite With Stem-Vowel Changing Verbs

E. ¿Qué pasó? Lea lo que los Sepúlveda hacen a veces, luego escriba lo que ellos hicieron el otro día.

Ejemplo: A veces, Susana María duerme más de diez horas.

   Anoche Susana María durmió más de diez horas.

1. A veces, Julio se viste, luego viste a su hija Susana María.

    Esta mañana _____.

2. A veces, Juan Carlos pide una Coca, pero su papá le sirve jugo.

    El otro día _____.

3. A veces, Gloria se divierte tanto con su hijo que el niño se duerme rápidamente cuando se acuesta.

    El jueves pasado _____.

4. A veces, cuando Julio sueña con Puerto Rico, duerme muy bien.

    Anoche _____.

5. A veces, suena el despertador de Julio a las siete. Luego él se despierta, se levanta y va al baño a ducharse.

    Ayer _____.

F. La ropa y usted. Lea cada pregunta, luego escriba su respuesta personal.

1. ¿Cuánto tiempo hace que usted…

    - se vistió elegantemente?

      _____

    - se puso un traje de baño?

      _____

    - llevó un par de sandalias?

      _____

    - lavó una prenda (*article*) de ropa en un lavabo?

      _____

2. ¿Cuánto tiempo hace que usted…

    - compró un par de zapatos nuevos?

      _____

    - pagó más de cincuenta dólares por ropa?

      _____

    - se probó una prenda de ropa que le gustó?

      _____

    - cambió una prenda de ropa por otra prenda?

      _____

Indirect Object Pronouns

G. Una familia contenta. Escriba qué pasó anoche en el apartamento de los Sepúlveda.

Ejemplo: Julio / leer / un libro a su hijo

Julio le leyó un libro a su hijo.

1. Julio / servir / una cena maravillosa a su familia

   _____

2. Julio / tocar / la guitarra a Gloria y a sus niños

   _____

3. Juan Carlos / escribir / una carta a su abuela

   _____

4. Gloria / cantar / tres canciones puertorriqueñas a sus niños

   _____

5. Gloria / dar / un collar a una sobrina para su graduación

   _____

6. Julio y Gloria / dar / un beso a su hijo cuando se acostó

   _____

H. Entre mamá e hijo. A Gloria le gusta enseñarle (*to show*) a su hijo a escribir bien porque a él le gusta mandarle (*to send*) cartas a su abuela. Complete la siguiente conversación, usando pronombres del objeto indirecto.

HIJO: Mamá, quiero enseñar_____ (a ti) cómo escribí mi nombre.

MAMÁ: ¡Qué bien! _____ felicito (a ti), hijo.

HIJO: Ahora, ¿ _____ enseñas (a mí) a escribir nuestra dirección, mamá?

MAMÁ: Sí, y después puedes escribir_____ una carta a tu abuelita.

HIJO: Y voy a mandar_____ (a ella) un beso en la carta.

MAMÁ: Como ella siempre _____ manda (a nosotros) en sus cartas, ¿no?

HIJO: Sí. Y _____ voy a decir (a ella) en la carta que la quiero mucho.

I. Expresiones de amor. Conteste las siguientes preguntas con oraciones completas.

Ejemplo: ¿A quién va a escribir usted esta semana?

Voy a escribirle a una amiga.

1. ¿A quiénes les escribe usted frecuentemente? ¿A quién quiere escribirle esta semana, y

   por qué? _____

   _____

2. ¿A quiénes les da usted regalos, a veces? ¿A quién va a darle un regalo este mes, y por qué?

   _____

   _____

3. ¿A quiénes les hace usted favores con frecuencia? ¿A quién quiere hacerle un favor esta semana,

   y por qué? _____

   _____

4. ¿A quiénes les da usted un abrazo? ¿A quién va a darle un abrazo esta semana, y por qué?

   _____

   _____

AUTOPRUEBA

Vocabulario

A. La ropa. Para cada categoría escriba el nombre de la prenda de ropa de la lista.
El número de líneas indica el número de prendas de ropa en cada categoría. Hay siete
palabras que no se usan de la lista.

Ejemplo: Para las manos: _guantes_____

abrigo, blusa, botas, calcetines, camisa, camiseta, chaqueta, corbata, falda, gorra de béisbol, guantes, medias de nilón, pantalones, sandalias, sombrero, traje, traje de baño, vestido, zapatos

1. Para nadar: _____

2. Para la cabeza: _____   _____

3. Para los pies: _____   _____

                        _____   _____

4. Para las mujeres: _____   _____

                        _____   _____

B. Los accesorios. Empareje las siguientes deficiones con sus accesorios.

1. Se ponen en las orejas.   la bolsa

2. Se usa con pantalón.   los aretes

3. Se usa para protegerse de la lluvia.   la mochila

4. Las mujeres llevan ciertas cosas en esto.   el paraguas

5. Se usan para protegerse del sol.   el cinturón

6. Los estudiantes llevan libros en esto.   los anteojos de sol

Gramática

A. Entre amigas. Complete la siguiente conversación con el pretérito de los verbos apropiados de la lista.

ir	hacer	traer	querer
dar	venir	decir	visitar

DORITA: ¿Adónde _____ (tú) este fin de semana?

GLORIA: (Yo) _____ con mi familia a Long Island.

DORITA: ¿Qué _____ ustedes allí?

GLORIA: _____ a unos amigos que _____ una fiesta.

DORITA: ¿_____ muchas personas?

GLORIA: Sí, y ellos _____ mucha comida.

DORITA: Por eso (tú) me _____ que Juan Carlos no _____ volver a

casa.

B. Padre e hijo. Complete el siguiente párrafo, usando formas del pretérito de los verbos de la lista.

pedir   servir   dormirse   divertirse

Anoche Julio y Juan Carlos _____ mucho mirando un video de Disney. Mientras lo

miraban, el niño _____ un refresco y su papá le _____ una Coca. Más

tarde el niño _____ en el sofá.

C. Mamá e hijo. Complete la siguiente conversación, usando pronombres indirectos apropiados.

JUAN CARLOS: Mamá, acabo de escribir_____ a mis abuelos.

GLORIA: ¿Qué _____ dijiste en tu carta, mi hijo?

JUAN CARLOS: A mi abuelito _____ dije que quiero dar_____ un abrazo. Y a mi abuelita _____ dije

que quiero dar_____ un beso.

GLORIA: ¿No quieres dar_____ (a mí) un abrazo y un beso? Soy tu mamá, Juan Carlos.

JUAN CARLOS: Claro que sí, mamá. Te quiero mucho.

Cultura

Lea cada oración, luego indique si es verdadera (**Sí**) o falsa (**No**).

1. En la mayoría de los paises hispanos, las tallas de ropa son
   iguales a las tallas de ropa de los Estados Unidos.   _____

2. La gente de habla española da mucha importancia a la apariencia física.   _____

3. En general, los jóvenes hispanos llevan ropa informal y conservadora.   _____

4. Por lo general, es apropiado llevar pantalones cortos en las ciudades
   de los países de habla española.   _____

ANSWERS TO AUTOPRUEBA

Vocabulario

A. La ropa

1. traje de baño
2. gorra de béisbol, sombrero
3. botas, calcetines, sandalias, zapatos
4. blusa, falda, medias de nilón, vestido

B. Los accesorios

1. los aretes
2. el cinturón
3. el paraguas
4. la bolsa
5. los anteojos de sol
6. la mochila

Gramática

A. Entre amigas

fuiste, Fui, hicieron, Visitamos, dieron, Vinieron, trajeron, dijiste, quiso

B. Padre e hijo

se divirtieron, pidió, sirvió, se durmió

C. Mamá e hijo

les, les, le, le, le, le, me

Cultura

1. No
2. Sí
3. Sí
4. No

Actividades y ejercicios orales

EN CONTEXTO

La familia va de compras. Escuche la siguiente conversación entre Julio y Gloria. De lo que dicen, complete el recuadro de abajo. Puede haber más de una respuesta para cada categoría.

reacción de Julio al vestido:
accesorios:
dónde va a llevar el vestido:
precio:
cómo pagan:

VOCABULARIO ÚTIL

A. Vamos de compras. El Corte Inglés está realizando su liquidación anual de verano. Escuche algunos anuncios de productos específicos y determine en cual sección de la tienda puede encontrar cada producto. Escriba el producto en la línea del departamento correspondiente.

Hint: Before listening to the ads, read the list of departments to familiarize yourself with the different areas of the store. Be sure to listen for any cognates and key words or phrases that you can use as clues.

SEÑORAS _____

CABALLEROS _____

INFANTIL _____

JÓVENES _____

ELECTRÓNICA _____

APARATOS ELÉCTRICOS _____

B. ¿Qué debemos llevar? Escuche la conversación entre Julio y Gloria mientras hablan de la ropa que tienen que llevar este fin de semana cuando van a esquiar. Escriba una lista de la ropa que necesita cada persona de la familia.

Hint: Before listening to the conversation, review the clothing vocabulary in *Lección 8* of your textbook. What clothing would be most appropriate for cold weather sports?

Julio	Gloria	Juan Carlos	Susana María
_____	_____	_____	_____
_____	_____	_____	_____
_____	_____	_____	_____
_____	_____	_____	_____
_____	_____	_____	_____

C. ¿Cuánto cuesta? Gloria está leyendo el *ABC*, un periódico (*newspaper*) español, que acaba de comprar en una librería que vende periódicos de muchos países. Ella compara los precios de varios artículos de ropa en dólares y en pesetas. Escriba los precios de cada artículo de ropa que ella menciona.

Hint: The activity is based on 135 pesetas to $1.00 U.S. To find today's rate of exchange, consult the financial section of your newspaper.

	Pesetas	Dólares
Un traje de caballero	_____	_____
Un vestido de señora	_____	_____
Una blusa	_____	_____
Una camiseta de niño	_____	_____
Un vestido de niña	_____	_____
Una corbata	_____	_____
Un abrigo	_____	_____

D. De compras. Dos amigos de los Sepúlveda, Gregorio y Andrés, van de compras. Escuche la conversación y tome apuntes (*notes*). Después, va a oír seis frases basadas en la conversación. Decida si la información es **correcta (C)** o **incorrecta (I)**.

Apuntes

_____

_____

_____

_____

1. Correcta   Incorrecta   4. Correcta   Incorrecta

2. Correcta   Incorrecta   5. Correcta   Incorrecta

3. Correcta   Incorrecta   6. Correcta   Incorrecta

E. Hablando de ropa. Usted va a oír cinco preguntas personales sobre la ropa. Conteste cada pregunta apropiadamente.

1. _____
2. _____
3. _____
4. _____
5. _____

PRONUNCIACIÓN ESENCIAL

Spanish *b* and *v*. In Spanish, the *b* and *v* are pronounced the same. Their pronunciation depends on their position in a word or in a group of words.

1. At the beginning of a single word or a group of words (after a pause) and after *m* or *n*, the Spanish *b* and *v* are pronounced very much like the **b** in **boy.** Listen to the following sentences and repeat them.

   —Perdón. Quiero cam**b**iar un **v**estido.
   —¿Un **v**estido? ¿Cuándo lo compró, señora?
   —**B**ueno... el viernes pasado.
   —¿Por qué quiere usted cam**b**iar el **v**estido?
   —Prefiero un **v**estido de color **b**lanco.
   —**B**ien. ¿Cuál es su nom**b**re, señora?
   —**V**alenzuela. **B**eatriz **V**alenzuela.
   —**B**ueno. No hay ningún pro**b**lema, señora.

2. In all other positions, particularly between vowels, the Spanish *b* and *v* are pronounced softly. To pronounce them correctly, start to say *b*, but at the last moment, do not quite close your lips. Listen and repeat the following sentences. It might help to place a pencil between your lips while attempting to pronounce [b].

   —¿En qué puedo servirle, joven?
   —Quiero comprar esta corbata, por favor.
   —Sí, cómo no. Es bonita, ¿no?
   —Sí, el color es maravilloso. Es para mi abuelito.
   —¿Cuántos años tiene su abuelo, joven?
   —Noventa y nueve. Ahora tiene una novia.
   —¿Sí? ¡Qué bueno!

GRAMÁTICA FUNCIONAL

A. El aniversario. Gloria está hablando del aniversario de bodas que Julio y ella celebraron hace un mes. Escuche y decida si cada frase es **correcta (C), incorrecta (I)** o si **no hay suficiente información (N).**

1. El aniversario fue el 14 de septiembre.   C   I   N

2. Julio y Gloria comieron en un restaurante elegante.   C   I   N

3. Julio le dio flores a Gloria.   C   I   N

4. Julio recibió un reloj de su esposa.   C   I   N

5. Susana María y Juan Carlos recibieron regalos
   de sus padres.   C   I   N

B. En el centro comercial. Ayer por la tarde, Gloria compró varias cosas. Escuche la situación y conteste la pregunta lógicamente.

Ejemplo: a su hijo   a su hija
Ayer Gloria compró una falda amarilla. ¿A quién le compró la falda?

Le compró la falda a su hija.

1. a su madre   a su esposo

_____

2. a los niños   a los padres

_____

3. a Marta y a Juana   a Pepe y a Felipe

_____

4. a su padre   a su madre

_____

C. El álbum de fotos. Julio y Gloria están mirando un álbum de fotos. Escuche cada oración e identifique la foto apropiada, luego exprese de otra manera lo que Julio y/o Gloria hizo y/o hicieron.

Julio y Gloria ___*salieron de San Juan.*___   Julio y Gloria _____

_____   _____.

Gloria _____

_____.

Gloria _____

_____.

Julio y Gloria _____

_____.

Julio _____

_____.

D. ¡Qué curioso! Estás en una fiesta y algunas personas están hablando de las cosas que hacen con frecuencia. Diga que usted u otra persona hizo las mismas cosas ayer.

⌐ **Hint:** You may wish to review the preterite tense of irregular verbs.

1. ¡Qué curioso! Yo también _____.

2. ¡Qué curioso! Mi amigo también _____.

3. ¡Qué curioso! Mi hermana también _____.

4. ¡Qué curioso! Mi profesor de español también _____.

5. ¡Qué curioso! Mis padres también _____.

6. ¡Qué curioso! Yo también _____.

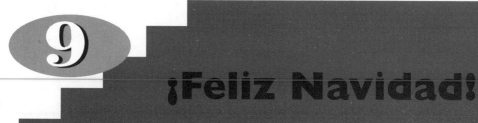

Actividades y ejercicios escritos

EN CONTEXTO

Una sorpresa

Lea el párrafo y la conversación en la sección *En contexto* en la página 221 de su libro de texto. Luego, basado en lo que usted leyó, responda a las siguientes oraciones con **Sí** o **No.**

1. El chofer del autobús causó el accidente. _____

2. El taxista habló bastante bien el español. _____

3. Bienvenida visitó a su hijo el año pasado. _____

4. Julio no podía creer que su mamá estaba allí. _____

5. Bienvenida llegó a Nueva York de Puerto Rico. _____

6. Julio fue al aeropuerto para recibir a su mamá. _____

7. El hijo de Bienvenida vive en una casa pequeña. _____

8. Bienvenida llegó a Nueva York antes de la Navidad. _____

VOCABULARIO ÚTIL

Los lugares en la ciudad

A. Asociaciones. Empareje los nombres de los lugares con sus descripciones apropiadas de la columna derecha.

1. __C__ un banco   a. ir por avión

2. _____ un museo   b. tomar un tren

3. _____ una plaza   c. cambiar dinero

4. _____ el mercado   d. tomar un autobús

5. _____ el aeropuerto   e. aprender historia

6.	_____ la biblioteca	f.	frutas y vegetales
7.	_____ una gasolinera	g.	leer libros buenos
8.	_____ la oficina de correos	h.	centro de la ciudad
9.	_____ la terminal de autobuses	i.	recibir unas cartas
10.	_____ la estación de ferrocarril	j.	servicio para autos

B. Una ciudad que conozco. Piense en una ciudad que usted conoce bien. Dé el nombre de cada lugar indicado y explique dónde está.

Ejemplo: un banco pequeño

Hay un banco pequeño que se llama Citizens Fidelity.

Está en la esquina de las calles Alexandria y Harrodsburg.

1. un banco grande _____

_____

2. un museo pequeño _____

_____

3. una iglesia católica _____

_____

4. un mercado económico _____

_____

5. una oficina de correos _____

_____

6. una gasolinera popular _____

_____

En la calle

C. En la ciudad. Complete el párrafo con preposiciones apropiadas para indicar dónde están los diferentes lugares. (Use la contracción **del** cuando sea necesario.)

entre	detrás de	enfrente de
cerca de	al lado de	a la derecha
lejos de	delante de	a la izquierda

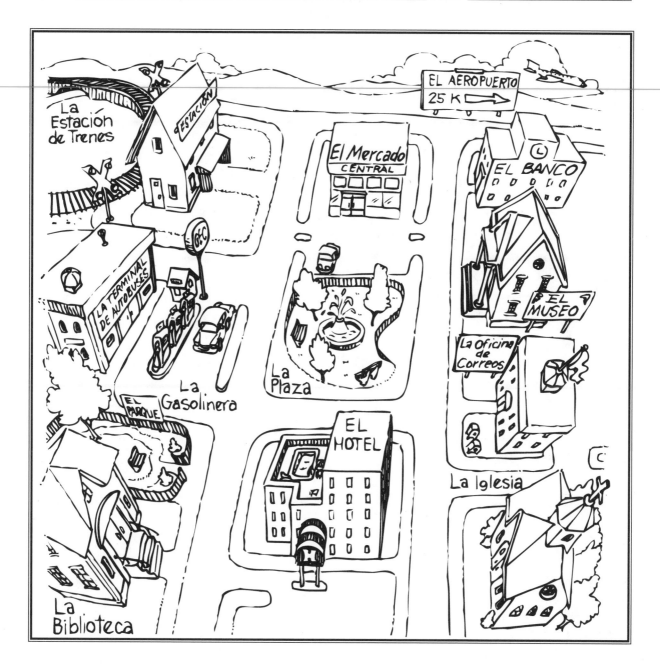

La plaza está en el centro de la ciudad. Allí hay un parque que está _____ la biblioteca. Hay un museo _____ el banco y la oficina de correos.

_____ el parque está la gasolinera con la terminal de autobuses

_____. _____ de la terminal está la estación de ferrocarril, que está

_____ el mercado central. _____ el hotel hay una iglesia

_____ la oficina de correos. El aeropuerto está _____ la ciudad.

D. Situación ilustrada. Escriba una conversación entre Bienvenida y una policía hispanohablante de Nueva York.

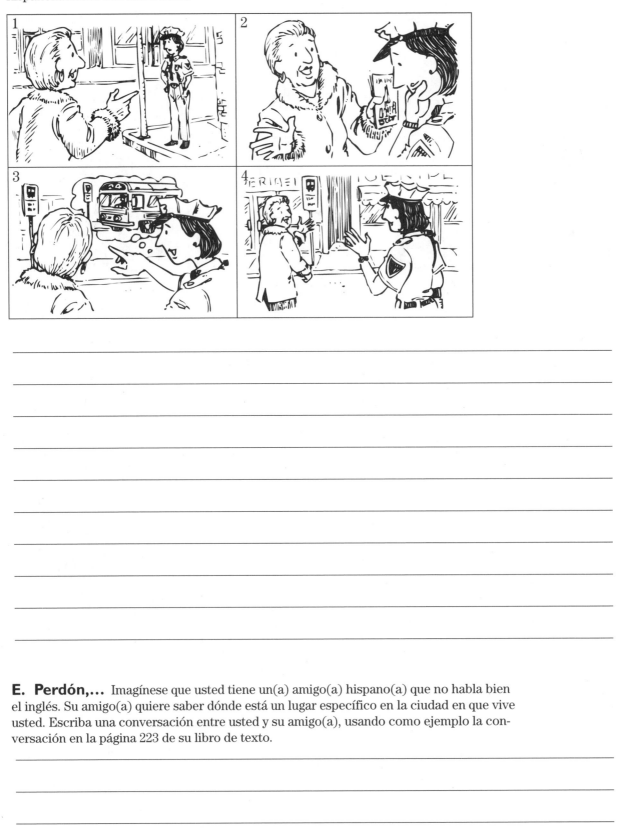

_____

_____

_____

_____

_____

_____

_____

_____

_____

E. Perdón,... Imagínese que usted tiene un(a) amigo(a) hispano(a) que no habla bien el inglés. Su amigo(a) quiere saber dónde está un lugar específico en la ciudad en que vive usted. Escriba una conversación entre usted y su amigo(a), usando como ejemplo la conversación en la página 223 de su libro de texto.

_____

_____

_____

_____

Functions:	Asking for help; asking for and giving directions; asking information; pointing out a person; repeating; thanking
Vocabulary:	City; direction and distance; stores

GRAMÁTICA FUNCIONAL

Affirmative and Negative Expressions

A. A las seis de la mañana. Hoy Julio está de mal humor. Escriba lo que dicen Julio y Gloria, poniendo todas las palabras en un orden lógico.

Ejemplo: ¿ ? / comer / mañana / quieres / qué / esta

¿Qué quieres comer esta mañana?

GLORIA: ¿ ? / esta / qué / mañana / comer / quieres

JULIO: quiero / no / nada / comer

GLORIA: algo / comer / tienes que / pero

JULIO: hambre / no / por / mañana / la / tengo

GLORIA: ni / tostado / tampoco, pero / como / pan / yo

JULIO: ¿ ? / algún / de / queso / hay / pastel

GLORIA: ninguno / No. / no hay / ahora

JULIO: queso / en / nunca / pastel / casa / de / tenemos

GLORIA: cuando / enojado / siempre / eso / dices / estás

_____

_____

_____

_____

_____

_____

_____

_____

_____

B. Bienvenida, abuelita. Complete la siguiente conversación entre Bienvenida y su nieto Juan Carlos, usando palabras apropiadas de la lista.

algo	ningún	siempre	algunas
algún	tampoco	algunos	ninguna

—¿Me trajiste _____ regalo, abuelita?

—¡Claro! _____ te traigo regalos, ¿verdad?

—Sí. ¿Me trajiste _____ libros de Disney?

—No, Juan Carlos. No te traje _____ libro.

—¿Me trajiste _____ para comer?

—_____ , niño.

—Pues, ¿qué me trajiste, abuelita?

—Te traje _____ camisas…

—¡Ay, no quiero _____ camisa!

—… y un juego electrónico.

—¡Gracias, abuelita!

C. En mi opinión… Complete las siguientes oraciones para expresar algunas de sus opiniones.

1. Nunca tengo _____,

   pero creo que algún día (yo) _____.

2. Alguien en mi familia _____;

   se llama _____ . Pero casi nadie en mi familia _____

   _____.

3. Ninguno(a) de mis amigos(as)_____,

   pero alguno(a) de ellos(as) _____;

   se llama _____.

Formal Commands

D. Consejos médicos. Los siguientes profesionales están dándoles consejos médicos a sus pacientes. ¿Qué les dicen? Use mandatos formales.

Ejemplo: No comer muchas cosas dulces, señor.

  No coma muchas cosas dulces, señor.

1. Una médica habla con su paciente que está un poco gordo.

   —Almorzar a la misma hora todos los días señor. / Y hacer más ejercicio. / Por ejemplo, caminar o correr dos o tres kilómetros al día. / Aprender a nadar. / Luego, nadar dos o tres veces a la semana.

   _____

   _____

   _____

   _____

   _____

   _____

2. Un dentista habla con su paciente que está un poco preocupada.

   —No estar nerviosa, señora. / Pensar en cosas bonitas mientras estoy trabajando en sus dientes. / No comer nada entre comidas. / Siempre lavarse los dientes después de comer. / Venir a visitarme en seis meses. / No tomar nada por media hora. / Pasar un buen día.

   _____

   _____

   _____

   _____

   _____

   _____

E. ¿Y usted? Escriba algunos consejos que usted quiere darles a las siguientes personas.

Ejemplo: a su profesor(a) de español

Háblenos más en español, por favor.

No nos dé exámenes difíciles, por favor.

1. a su profesor(a) de español

   _____

2. a los estudiantes perezosos de su clase de español

   _____

3. a los estudiantes trabajadores de su clase de español

   _____

4. a los autores de sus libros de español

   _____

5. a Fidel Castro, presidente de Cuba

   _____

F. De compras. Complete las siguientes conversaciones, usando mandatos formales apropiados de los verbos de la lista.

ir	darme	seguir	volver
pasar	mirar	doblar	decirme

En la calle

—Perdón, señor. ¿Sabe usted si hay un supermercado por aquí?

—Sí, señora. _____ usted derecho hasta la esquina.

—Hasta la esquina… sí, comprendo. ¿Y luego?

—Luego _____ a la derecha en la Calle Unamuno y _____

dos cuadras hasta la Sexta Avenida. Allí está el supermercado.

—Muchas gracias, señor.

—De nada. Adiós.

En el supermercado

—Sí, señor. _____ qué quiere usted.

—_____ medio kilo de esas naranjas, por favor.

—Bien. ¿Qué más?

—¿Está fresco el melón?

—Claro. _____, señora. Está muy fresco, ¿ve? ¿Quiere usted éste?

—Bueno, sí… me lo llevo. Eso es todo.

—Aquí lo tiene. _____ usted un buen día. Y _____ pronto,

señora.

—Gracias. Adiós.

G. Manzanas navideñas.
Gloria va a preparar la siguiente receta de un rico postre con manzanas (*apples*) para la Navidad. Use mandatos formales de los verbos indicados para terminar la receta; a veces, es necesario usar un verbo más de una vez.

cortar	*to cut*
cocer (o→ue)	*to cook*
bajar	*to lower*
agregar	*to add*
servir (e→i)	*to serve*
revolver (o→ue)	*to stir*
derretir	*to melt*
separar	*to separate*

FRUTAS EN SALSA DE CARAMELO

* 2 manzanas medianas
* 1/2 taza (*cup*) de mantequilla
  o margarina
* 1/2 taza de azúcar morena
* 3 bananas medianas
* 1/2 taza de pacanas

Corte las manzanas en cuñas (*wedges*). En una sartén (*frying pan*) grande, a fuego (*heat*) mediano, _____ la mantequilla. _____ y _____ la manzana por 5 minutos. _____ la manzana hacia un lado de la sartén. _____ el fuego y _____ el azúcar; _____ con frecuencia hasta que ésta se derrita. _____ lentamente (*slowly*) 1/3 taza de agua. _____ diagonalmente las bananas en pedazos de 5 cm (2"). _____ las a la sartén junto con las pacanas y _____ todo bien. A fuego mediano, _____ por 5 minutos; _____ ocasionalmente. _____ bien caliente.

Source: Buenhogar, No. 7, 26 de marzo de 1985, página 69.

H. ¿Cómo llegamos? Imagínese que usted invitó a dos estudiantes hispanos a una fiesta. Dibuje un mapa para ir desde su escuela, politécnico o universidad hasta donde usted vive. Luego, usando mandatos formales, explíqueles cómo llegar allí en auto. Los verbos y las expresiones de las siguientes listas pueden ayudarle.

Ejemplo: _Primero, vayan por la Calle Sender hasta la Avenida Benton. Luego..._

Verbos: ir, doblar, seguir, buscar

Expresiones: entre, cerca de, detrás de, al lado de, enfrente de, todo derecho, a la derecha (de), a la izquierda (de)

_____

_____

_____

_____

_____

_____

_____

Atajo

Functions:	Asking for and giving directions; expressing distance
Vocabulary:	City; direction and distance
Grammar:	Verbs: imperative

AUTOPRUEBA

Vocabulario

Los lugares en la ciudad. Complete cada oración con el nombre de un lugar apropiado de la lista.

banco	plaza	iglesia	oficina de correos
museo	mercado	aeropuerto	estación de ferrocarril

Voy al/a la...

1. _____ todos los domingos.

2. _____ para viajar en tren.

3. _____ para depositar dinero.

4. _____ para comprar estampillas.

5. _____ para ver cosas muy viejas.

6. _____ para ir en avión a otro país.

7. _____ para descansar con mis amigos.

8. _____ para comprar vegetales y fruta.

Gramática

A. En el mercado. Complete la siguiente conversación, usando palabaras apropiadas de la lista.

algo	algún	algunos	ninguna
nada	nunca	algunas	tampoco

Voy al/a la...

VENDEDOR: ¿Quiere usted _____, señora?

CLIENTE: Sí, quiero _____ tomates, por favor. Deme tres.

VENDEDOR: Bien. ¿No quiere _____ naranjas? Están muy frescas.

CLIENTE: No, no quiero _____ porque

_____ como fruta.

VENDEDOR: ¿Verdad? _____ mi esposa. ¿Quiere usted

_____ pan?

CLIENTE: No, no quiero _____ más. Eso es todo, gracias.

B. Antes de salir del mercado. Complete la siguiente conversación con mandatos formales apropiados de los verbos de la lista.

ir   decir   salir   volver
dar   tomar   pasar   perdonar

CLIENTE: _____, señor. Por favor, _____me

una bolsa plástica para estos tomates.

VENDEDOR: Cómo no, señora. _____ usted esta bolsa limpia.

CLIENTE: Gracias. _____me una cosa, señor. ¿Sabe usted si hay un

banco cerca de aquí?

VENDEDOR: Pues sí, señora. _____ del mercado y

_____ dos cuadras todo derecho. El banco está a la izquierda.

CLIENTE: Muchas gracias. _____ usted un buen día.

VENDEDOR: Y usted, señora. _____ pronto. Hasta luego.

Cultura

Complete cada oración apropiadamente con las palabras entre paréntesis.

1. El transporte más económico entre ciudades en Latinoamérica y España es (el tren / el avión / el autobús).

2. Un sistema subterráneo de transporte público es (el metro / el taxi / el tren).

3. Un microbús especial que lleva entre seis y diez pasajeros se llama (autobús / colectivo / omnibús).

4. Una ciudad donde se celebra la Navidad con piñatas es en (Caracas / Madrid / México).

ANSWERS TO AUTOPRUEBA

Vocabulario

Los lugares en la ciudad

1. iglesia	3. banco	5. museo	7. plaza
2. estación de ferrocarril	4. oficina de correos	6. aeropuerto	8. mercado

Gramática

A. En el mercado

algo, algunos, algunas, ninguna, nunca, Tampoco, algún, nada

B. Antes de salir del mercado

Perdone, deme, Tome, Dígame, Salga, vaya, Pase, Vuelva

Cultura

1. el autobús   2. el metro   3. colectivo   4. México

Nombre _____ Fecha _____

Actividades y ejercicios orales
EN CONTEXTO

Una sorpresa feliz. Escuche la descripción y conversación. Luego complete las siguientes oraciones.

🔲 **Hint:** Before listening, read over the questions and anticipate what the answers might be. You may wish to jot down your ideas in the margin. As you listen to the tape, confirm or revise your responses.

1. _____, la madre de _____, llamó del aeropuerto.

2. Ella decidió ir al apartamento de Julio y Gloria en _____ .

3. El taxista dijo, —Soy de _____ .

4. Conversaron en el taxi sobre el mal tiempo de _____ y el buen tiempo de

   _____ .

5. El taxista tuvo un accidente con _____ .

6. Cuando Bienvenida llegó al apartamento de Julio y Gloria todos le dijeron "_____".

VOCABULARIO ÚTIL

A. La plaza. Gloria está hablando con su suegra sobre la plaza de un pequeño barrio en San Juan, pero no recuerda muy bien algunas cosas. Ella va a decir seis oraciones. Mire el mapa y para cada oración, marque **sí** si es cierta o **no** si no es cierta.

🔲 **Hint:** Study the *Vocabulario útil* in *Lección 9* of your text and try to describe the location of the buildings on or around your campus or school.

1. Sí   No
2. Sí   No
3. Sí   No
4. Sí   No
5. Sí   No
6. Sí   No

B. Los lugares. Bienvenida está describiendo seis lugares en su barrio de San Juan. Escuche cada descripción y ponga el número al lado del lugar indicado.

_____ el banco   _____ la oficina de correos   _____ la gasolinera   _____ la iglesia

_____ la escuela   _____ la biblioteca   _____ el parque   _____ el supermercado

C. ¿Cómo es esta ciudad? Luis es un estudiante nuevo en su universidad y él quiere saber de la ciudad donde Uds. estudian. Escuche y conteste sus preguntas.

1. _____

2. _____

3. _____

4. _____

5. _____

6. _____

7. _____

PRONUNCIACIÓN ESENCIAL

Intonation is sometimes called the music of language. It refers to the rise and fall of the pitch of the speaker's voice. Stressing words correctly will improve your intonation and help native speakers understand what you are saying.

In Spanish, if a word ends in an _n_, _s_, or vowel, the stress usually falls on the second-to-last syllable. For example, **can**_tan_, **mar**_tes_, **chi**_ca_. If a word ends in a consonant other than _n_ or _s_, then the stress generally falls on the last syllable. For example, _español_, _viajar_, _universidad_. Any exceptions to these two rules requiere a written accent on the stressed vowel. For example, _café_, _península_, _autobús_.

Making statements. Listen and repeat the following sentences according to the stress and linking marks.

—Allí_está_el mer**ca**do cen**tral**, A**ma**lia.
—Uy, es **bien gran**de, **Tía**. **Va**mos_a_en**trar.**
—Se **ven**den vege**ta**les_y **fru**tas_en_**es**ta **par**te.
—**Dios mío**. Tam**bién**_hay **ro**pa_y_apa**ra**tos_e**léc**tricos.
—Sí, **ven**go_a**quí to**dos los **sá**bados por la ma**ña**na.
—**Siem**pre me **gus**ta_ir de **com**pras con**ti**go, **tía**.

Asking questions. Practice reading aloud the following groups of questions. Pay special attention to word stress and linking words.

1. Questions that expect a yes or no answer have a rising intonation. The pitch of the voice goes up at the end of the question.

—¿Vas al cine todos los sábados, Amalia?

—Sí. ¿Quieres ir conmigo el próximo sábado?

—No puedo, pero ¿quieres ir mañana por la tarde?

—Sí, Tía. ¿Invitamos a Juan Carlos también?

—Sí, ¡cómo no!

2. Questions that expect a confirmation also have a rising intonation. Listen and repeat the following sentences.

—La plaza está bonita ahora, ¿no?

—Sí. Te gusta mucho mi ciudad, ¿eh?

—Sí, especialmente los jardines, ¿sabes?

—Claro. Por ejemplo, ese jardín allí, ¿ves?

—¡Ay, qué maravilloso!

3. Questions that ask for specific information have a falling intonation. The pitch of the voice goes down at the end of the question. Listen and repeat the following sentences.

—Perdón, señora. ¿Dónde está la plaza?

—En la próxima esquina. Perdón, ¿de dónde es usted?

—De San Juan. ¿Por qué me pregunta, señora?

—Creo que la conozco. ¿Cómo se llama usted?

—Gloria Sepúlveda Vásquez.

En la calle. Repeat the following dialogue after the speaker. Underline each stressed syllable and draw in the linking marks.

—Perdón, ¿dónde está el banco?

—Está todo derecho en la próxima cuadra.

—¿Cerca de la iglesia?

—Sí. Está en la esquina.

—¿Está abierto el banco ahora?

—No, está cerrado. Lo siento. Hoy es un día festivo.

—Muchas gracias. Con permiso.

—Pase usted. Adiós.

GRAMÁTICA FUNCIONAL

A. Juan Carlos está enfermo. Hoy Juan Carlos está enfermo en casa y no quiere hacer nada. Él contesta negativamente a todas las preguntas de su madre. ¿Qué contesta Juan Carlos?

Ejemplo: ¿Quieres ver un programa de televisión?

No, no quiero ver ningún programa de televisión.

⌐ **Hint:** There will be a pause on the tape for you to give Juan Carlos's response. You will hear the correct answer after the pause. Be sure to use negative expressions in your responses.

B. Las preparaciones para una fiesta. Julio y Gloria van a tener una fiesta en casa para presentarle a Bienvenida a algunos de sus amigos y repasan la lista de quehaceres. Indique si cada cosa ya se hizo (marque **Antes**), si la están haciendo (marque **Ahora**) o si tienen que hacerla esta tarde (marque **Esta tarde**).

⌐ **Hint:** Since many of the preparations for a party involve household chores, you may wish to review the _Vocabulario útil_ in _Lección 7_ of your text.

Ejemplo: GLORIA: Julio, ¿hay que ir al supermercado para comprar vino?
JULIO: No, ya fui esta mañana.

(Antes)	Ahora	Esta tarde
1. Antes	Ahora	Esta tarde
2. Antes	Ahora	Esta tarde
3. Antes	Ahora	Esta tarde
4. Antes	Ahora	Esta tarde
5. Antes	Ahora	Esta tarde
6. Antes	Ahora	Esta tarde

C. Situaciones. Diga si los mandatos son lógicos o ilógicos según el contexto. Con un círculo, marque la respuesta correcta.

1. Lógico	Ilógico	5. Lógico	Ilógico
2. Lógico	Ilógico	6. Lógico	Ilógico
3. Lógico	Ilógico	7. Lógico	Ilógico
4. Lógico	Ilógico	8. Lógico	Ilógico

D. ¿Dónde puedo encontrar... ? Luis, el estudiante nuevo que acaba de llegar a su universidad, quiere saber más cosas sobre la ciudad. Conteste las preguntas lógicamente durante la pausa, dándole la información que pide con un mandato. Después de la pausa, usted va a oír una respuesta correcta.

Ejemplo: Tengo ganas de comer. ¿Adónde voy?

Usted dice: _Vaya a la cafetería._

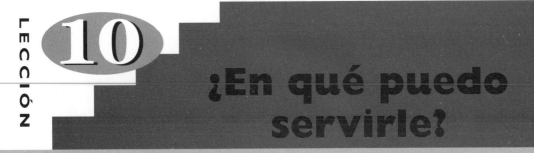

Actividades y ejercicios escritos

EN CONTEXTO

De compras para comestibles

Lea el párrafo y la conversación en la sección *En contexto* en la página 247 de su libro de texto. Luego, basado en lo que usted leyó, empareje cada nombre de la primera columna con su identidad de la segunda columna.

_____ 1. Rita   a. ciudad en que viven Elena y Rita

_____ 2. Magda   b. mujer divorciada de treinta años

_____ 3. Elena   c. niña de seis años e hija de Elena

_____ 4. Mallorca   d. isla balear en el Mar Mediterráneo

_____ 5. Barcelona   e. dependiente de una panadería española

_____ 6. Sr. Romero   f. dependiente de una carnicería española

VOCABULARIO ÚTIL

A. Las tiendas especializadas. Escriba en qué tiendas especializadas usted puede comprar los siguientes comestibles en el mundo hispano.

Ejemplo: un kilo de pescado

    una pescadería

una frutería	una heladería	una carnicería
una lechería	una pescadería	una pastelería
una panadería	una marisquería	

1. un pollo entero   _____

2. un litro de helado   _____

3. queso y mantequilla   _____

4. medio kilo de gambas   _____

5. seis tomates pequeños   _____

6. una docena de naranjas   _____

7. una torta de chocolate   _____

8. un paquete de galletas   _____

B. Vegetales y frutas. Identifique estos vegetales y frutas, y describa sus colores.

Los vegetales

1.   La lechuga es verde. _____

2. _____

3. _____

4. _____

5. _____

6. _____

7. _____

8. _____

Las frutas

1. _____

2. _____

3. _____

4. _____

5. _____

6. _____

7. _____

8. _____

C. Mi lista de comestibles. Escriba una lista de comestibles que usted compró esta semana. También indique la cantidad de cada producto que compró.

_____

_____

_____

_____

_____

_____

D. En una tienda especializada. Escriba una conversación entre usted y un(a) empleado(a) de una de las tiendas especializadas mencionadas en el Ejercicio A. Usted puede releer las conversaciones de la *Lección 10* que pueden servirle como modelo.

_____

_____

_____

_____

_____

_____

Atajo		
Functions:	Asking for help; asking the price; pointing to a person or object; expressing an opinion; offering; thanking
Vocabulary:	Food: bread, cheeses, fish and seafood, fruit, legumes and vegetables, meat, pastry; metric system and measurements; quantity
Grammar:	Demonstrative adjectives; verbs: imperative

GRAMÁTICA FUNCIONAL

Double Object Pronouns

A. ¡Feliz cumpleaños! Complete la siguiente narración, usando pronombres directos e indirectos apropiados. Luego, dibuje una flecha (*arrow*) a los sustantivos a que se refieren.

Ayer fue el cumpleaños de Rita y ella _____ pasó bien. Sus parientes _____ dieron muchos rega-

los. _____ compraron en diferentes tiendas especializadas de Barcelona. Por ejemplo, el abuelo Rogelio

_____ compró un vestido rojo a su nieta.

—Gracias, abuelito. _____ voy a llevar a la escuela— dijo Rita, y _____ dio un abrazo a don Rogelio.

—_____ quiero mucho, Rita— respondió él.

La tía Emilia _____ dio una bolsa pequeña a su sobrina, y cuando ella _____ abrió, Rita dijo:

—¡Dos mil pesetas! Gracias, tía. Voy a depositar_____ en el banco.

Elena _____ compró una torta de chocolate a su hija; _____ compró en la pastelería Ideal.

—¡Mmm! _____ gusta la torta. Gracias, mamá. Estoy muy contenta hoy.

B. ¡Qué buen servicio! El famoso almacén El Corte Inglés les ofrece buen servicio a sus clientes. Para comprender esto, complete las siguientes conversaciones entre el (la) dependiente (D) y su cliente (C).

Ejemplo: C: Perdón, no comprendo cómo funciona esta cámara.

D: No hay problema, señor. explicar / la / se / puedo

 Puedo explicársela. (o) Se la puedo explicar.

1. C: Mire. Ese señor olvidó su cambio.

   D: Gracias, señorita. dar / lo / a / voy / se

   _____

2. C: Quiero cambiar esta blusa. A mi hija no le gusta el color.

   D: Con mucho gusto cambio / se / la, señora.

   _____

3. C: Perdón. No puedo abrir este paraguas, señor.

   D: abro / se / yo / lo, señorita. Permítame, por favor.

   _____

4.   C: Perdón, no puedo leer esta talla. Olvidé mis anteojos.

       D: Pues, yo <u> se / leer / la / puedo, </u> señor.

_____

5.   C: ¿Puede usted traerme otras sandalias más pequeñas?

       D: Claro. <u> traer / se / voy / las / a </u> ahora mismo, señorita.

_____

C. En una carnicería.
Mire cada dibujo, luego lea la primera parte de la conversación. Después, escriba la segunda parte de la conversación, como en el modelo.

Ejemplo: ¿Les abro la puerta?

        <u>Sí, ábranosla, por favor.</u>

1.   ¿Le sirvo una de estas ricas salchichas?

       _____

       _____

2.   ¿No están frescas esas gambas? ¿Se las cambio?

       _____

       _____

3.   ¿Les meto las gambas en otra bolsa de plástico?

       _____

       _____

4. ¿Le corto este jamón, señorita?

_____

_____

5 ¿Le traigo otro bistec, señorita?

_____

_____

6. ¿Quiere usted estas salchichas, señorita?

_____

_____

D. Dar y recibir. Conteste las siguientes preguntas en oraciones completas, usando pronombres apropiadamente.

Ejemplo: ¿A quién le prepara usted la cena, a veces?

A veces, se la preparo a mis hermanos.

1. ¿A quién le prepara usted la cena, a veces? ¿Qué prepara usted?

_____

_____

2. ¿Quién le sirvió a usted la cena anoche? ¿Qué comió?

_____

_____

3. ¿A quiénes les compra usted regalos pequeños? ¿Dónde los compra?

_____

_____

4. ¿Quién le dio un regalo a usted recientemente? ¿Qué recibió? ¿En qué ocasión?

_____

_____

5. ¿Quién le hizo a usted un favor la semana pasada? ¿Por qué se lo hizo?

_____

_____

E. En otra tienda especializada. Escriba una conversación interesante entre un(a) dependiente de una tienda y su cliente. Use palabras, frases y gramática de esta lección. Vea las conversaciones en su libro de texto para tener algunos modelos.

_____

_____

_____

_____

_____

_____

_____

Imperfect Tense

F. Una experiencia inolvidable. Elena le explicó al Sr. Romero lo que le pasó la semana pasada cuando ella fue de compras al mercado. Para saber lo que le dijo al Sr. Romero, cambie al imperfecto los verbos entre paréntesis. Escriba todo el párrafo en otro papel.

Ejemplo: (Llover) mucho ese día y…

Llovía mucho ese día y…

(Llover) mucho ese día y, por eso, busqué un taxi. Claro que (haber) muchas otras personas que también (buscar) taxis por el mal tiempo que (hacer). Por fin, encontré un taxi y subí. Yo (estar) muy cansada porque no (poder) dormir bien esa semana.

Le dije al taxista adónde (querer) ir cuando de repente recordé que mi bolsa (estar) en el mercado. Bajé del taxi y fui corriendo hacia el mercado. El taxista no me esperó, pero eso no me (importar) porque (pensar) solamente en mi bolsa. Pero no la encontré y, por eso, me puse enojada. Yo no (saber) qué hacer. Pues, conseguí otro taxi y volví a casa.

G. Cuando yo era niño... Rita le dijo a su abuelo Rogelio algunas cosas que ella hace los sábados. Luego Rogelio le dijo que él hacía las mismas (*same*) cosas cuando era niño. ¿Qué le dijo a su nieta?

Ejemplo: RITA: Los sábados **me levanto** a las ocho y...

ROGELIO: Los sábados me levantaba a las ocho y...

RITA: Los sábados **me levanto** a las ocho y luego **voy** al baño. A veces, **tengo** mucho sueño. Después, **desayuno** mientras **miro** la televisión por media hora. Entonces mi mamá me **baña** y me **viste**. Luego **juego** un poco en casa o, si **veo** a mis amigos en la calle, **jugamos** juntos. **Tengo** muchos amigos y **nos divertimos** mucho. Nos **gusta** montar en bicicleta, pero yo no **monto** muy bien.

ROGELIO: _____

_____

_____

_____

_____

_____

_____

_____

_____

_____

H. ¿Qué hacían? Lea las siguientes situaciones y luego conteste las preguntas lógicamente.

Ejemplo: A Elena le gusta mantener una casa limpia. ¿Qué hacía ayer a las siete de la mañana?

Ella pasaba la aspiradora en la sala de su apartamento.

pasar la aspiradora en la sala de su apartamento
no querer comer más porque estar enferma del estómago
pintarse la cara mientras mirarse en un espejo pequeño
tocar un disco compacto de Bach y descansar en el sofá
divertirse con un pequeño helicóptero que él hizo a mano
mirar una película de Disney en el Cine Rex y tomar refrescos

1. Elena siempre mantiene una buena apariencia. ¿Qué hacía ella esta mañana antes de salir para su trabajo?

   _____

2. A veces, Rita come demasiado, especialmente cuando le gusta la comida. ¿Cómo estaba ella después de comer dos postres anoche?

   _____

3. Elena y Rita van al cine frecuentemente. Después de comprar en el centro, ¿qué hacían?

   _____

4. El Sr. Romero tiene mucho interés en los modelos de aviones. ¿Qué hacía el sábado pasado después de terminar su trabajo?

   _____

5. A Magda le gusta escuchar música clásica. ¿Qué hacía ella después de trabajar en la panadería?

   _____

I. A los diez años. Describa cómo eran las siguientes personas y cosas cuando usted tenía más o menos diez años.

Ejemplo: su rutina diaria los días de escuela

> *Me levantaba a las siete, me duchaba y desayunaba con mi familia. Luego…*

1. su casa o apartamento
2. la ropa que usted llevaba
3. su escuela y sus maestros
4. su rutina diaria los días de escuela

_____

_____

_____

_____

_____

_____

_____

_____

AUTOPRUEBA

Vocabulario

A. Las tiendas. Complete cada oración lógicamente.

1.	Se venden tortas deliciosas en una…	lechería
2.	Los camarones se venden en una…	panadería
3.	Es posible comprar mantequilla en una…	pastelería
4.	Para comprar pollo y jamón vaya a una…	pescadería
5.	Se compran las galletas saladas en una…	carnicería

B. Las frutas. Empareje el nombre de cada fruta con su descripción.

1.	Son de color amarillo, de Costa Rica.	las piñas
2.	Son de color café-amarillo, de Hawai.	los duraznos
3.	Son de color café-amarillo, de Georgia.	las manzanas
4.	Son de color anaranjado, de la Florida.	los plátanos
5.	Son de color rojo y verde, de Wáshington.	las naranjas

C. Los vegetales. Empareje el nombre de cada vegetal con su descripción.

1.	Son de color verde y contienen mucha sal.	los tomates
2.	Son de color rojo y se consideran "fruta".	las cebollas
3.	Son de color blanco y son un poco picantes.	los pimientos
4.	Son de color anaranjado y tienen muchas vitaminas.	las aceitunas
5.	Son de color rojo y verde. Pueden ser picantes.	las zanahorias

Gramática

A. Entre madre e hija. Complete la siguiente conversación, usando pronombres dobles de objeto.

RITA: ¿Compraste mi torta de cumpleaños, mamá?

ELENA: Claro que sí. _____ _____ compré esta mañana.

RITA: Y el helado. ¿También _____ _____ compraste?

ELENA: Sí, mi hija. También _____ _____ compré.

RITA: ¡Mmm! ¡Los quiero ahora mismo, mamá!

ELENA: _____ _____ doy mañana en tu fiesta de cumpleaños.

B. La pequeña Elena. Complete el siguiente párrafo sobre la niñez de Elena Navarro, usando el imperfecto de los verbos apropiados de la lista.

ir	vivir	sacar	limpiar
comer	tener	gustar	comprar

De niña yo _____ cerca de Bercelona. (yo) _____ algunos quehaceres

en casa. Por ejemplo, _____ la basura y _____ mi dormitorio. Cada sábado

mi mamá y yo _____ de compras al centro. A veces ella no _____ nada, pero

nos _____ mirar las cosas de las tiendas. Por la tarde nosotras _____ en un

café pequeño.

Cultura

Lea cada oración, luego indique si es verdadera (**Sí**) o falsa (**No**).

1. Mucha gente hispana prefiere comprar comestibles en tiendas pequeñas. _____

2. En las tiendas especializadas y en los mercados los clientes se sirven
    a sí mismos. _____

3. En algunos mercados de las ciudades grandes es posible comprar
    cosas de interés turístico. _____

4. En general, se puede regatear en los mercados porque los precios
    no son fijos. _____

ANSWERS TO AUTOPRUEBA

Vocabulario

A. Las tiendas

1.	pastelería	4.	carnicería
2.	pescadería	5.	panadería
3.	lechería		

B. Las frutas

1.	los plátanos	4.	las naranjas
2.	las piñas	5.	las manzanas
3.	los duraznos		

C. Los vegetales

1. las aceitunas   2. los tomates   3. las cebollas   4. las zanahorias   5. los pimientos

Gramática

A. Entre madre e hija

Te la, me lo, te lo, Te los

B. La pequeña Elena

vivía, Tenía, sacaba, limpiaba, íbamos, compraba,
gustaba, comíamos

Cultura

1. Sí   2. No   3. Sí   4. Sí

Actividades y ejercicios orales

EN CONTEXTO

Vamos de compras. Escuche la narración y escoja la mejor respuesta para completar cada frase.

◩ **Hint:** Before listening to the tape, read the items below.

1. Elena Navarro es _____.
   a. viuda
   b. divorciada
   c. casada
   d. soltera

2. Elena vive con _____.
   a. sus padres
   b. una amiga
   c. su hija
   d. su hijo

3. En la _____ ella compra carne de res.
   a. carnicería
   b. pastelería
   c. frutería
   d. panadería

4. En la panadería compra _____.
   a. pasteles
   b. una torta
   c. pan y galletas saladas
   d. galletas dulces

5. Elena habla con Magdalena sobre _____.
   a. el tiempo
   b. sus vacaciones
   c. una fiesta
   d. su trabajo

VOCABULARIO ÚTIL

A. En el mercado. Usted va a oír una conversación en un mercado. Pilar, una amiga de Elena, le pide varias cosas al dependiente. Haga una lista y anote también la cantidad.

◩ **Hint:** Before beginning, you may wish to review vocabulary for common foods in this lesson and *Lección 5* and numbers in *Lección preliminar*, *Lección 2*, and *Lección 6*.

◩ **Hint:** As you listen to the conversation, try not to be confused by words or phrases you may not understand. Instead, try to understand the gist of the dialogue.

Desea...

Cantidad

_____ _____

_____ _____

_____ _____

_____ _____

_____ _____

_____ _____

B. Entre amigas. Al ir de compras, es muy común hablar de muchos temas diferentes. Escuche la conversación otra vez y marque los temas de la lista de abajo.

◧ **Hint:** Look at the list and ask yourself what the key words or phrases might be for each topic. Then listen for those items in the conversation.

☐ el tiempo hoy	☐ el verano en Monserrat
☐ las vacaciones de verano en Valencia	☐ los estudios en la universidad
☐ la política	☐ los niños
☐ comprar un apartamento de verano	

C. Vamos de compras. Elena y Rita Navarro están escribiendo su lista de compras para la semana. Escuche su conversación y escriba los artículos que quieren comprar en las categorías apropiadas.

◧ **Hint:** Read the *Vocabulario útil* in your textbook for a brief explanation of the different types of stores and the products they sell. Items that are not purchased in specialty shops can be found in the *mercado*.

Lechería

_____

_____

_____

Carnicería

_____

_____

Frutería

_____

_____

Mercado

_____

_____

_____

Panadería

_____

_____

Pastelería

_____

_____

GRAMÁTICA FUNCIONAL

A. Los regalos. Elena está explicando los regalos que dio y recibió durante la Navidad. Escuche y luego conteste las preguntas, usando objetos directos e indirectos pronominales.

1. ¿A quién le dio juguetes Elena?

_____

2. ¿A quiénes les dio un cuadro?

_____

3. ¿Quién le regaló una blusa a Elena?

_____

4. ¿Quién le dio un libro a Elena?

_____

B. Las vacaciones de verano. Elena recuerda las vacaciones que pasaba con su familia en Calafat, un pequeño pueblo de la costa. Escuche la narración de Elena y ponga las fotos en orden, marcando cada imagen con un número (1–6).

_____   _____   _____

_____   _____   _____

C. Cuando tenía diez años. Usted va a escuchar seis preguntas personales. Después de escuchar cada pregunta dos veces, contéstela en una oración completa.

1. _____

2. _____

3. _____

4. _____

5. _____

6. _____

LECCIÓN

11

Aquí vendemos de todo

Actividades y ejercicios escritos

EN CONTEXTO

La Rebaja del Año

Lea el anuncio y la conversación en la sección *En contexto* en la página 271 de su libro de texto. Luego, basado en lo que usted leyó, responda a las siguientes oraciones con **Sí** o **No.**

1. Rita vio el anuncio en la televisión. _____

2. El almacén se llama El Corte Francés. _____

3. Se puede ahorrar dinero en la Rebaja. _____

4. Rita quería comprar un televisor nuevo. _____

5. Elena supo de la Rebaja por el periódico. _____

6. Elena y su hija compraron muchas cosas. _____

7. Ellas tuvieron un problema porque el televisor era muy pequeño. _____

8. Finalmente, encontraron una muñeca barata. _____

VOCABULARIO ÚTIL

A. Las necesidades de Elena. Primero, identifique los productos de los siguientes dibujos. Luego, complete las oraciones con los nombres de las necesidades de Elena.

Ejemplo: No puedo sacar fotos porque no tengo __cámara__.

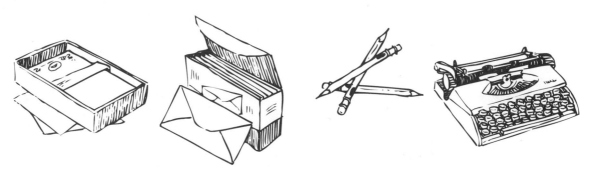

Esta semana voy a escribirles algunas cartas a mis amigos, pero ahora no tengo

_____ ni _____ para mandarlas. Los voy a comprar en una papelería.

También debo comprarle algunos _____ a Rita porque los necesita en la escuela. Cuando

escribo cartas personales prefiero usar una _____ porque puedo escribir más rápida-

mente. A veces, uso un _____ para escribir a mano, especialmente cuando tengo

tiempo. Algún día quiero comprar un _____ con una _____ , pero

todavía son caros en España.

Después de ir a la papelería, voy a una tienda donde se venden artículos fotográficos. Necesito com-

prar un _____ para mi pequeña _____ porque quiero sacar algunas

fotos de Rita y sus amigos. También quiero comprar un _____ para guardar las fotos.

B. Mis posesiones y deseos. Escriba la marca (brand) de los artículos que usted tiene o quiere.

Ejemplo: Tengo una grabadora ___Sony___ y quiero una cámara ___Nikon___ .

cámara	videocámara	disco compacto	computadora	máquina de afeitar
grabadora	juego de video	impresora	calculadora	máquina de escribir

_____

_____

_____

_____

_____

_____

_____

_____

_____

_____

_____

C. En un almacén. Imagínese que usted está en un almacén en Barcelona. Complete las siguientes oraciones con el número de la planta de los artículos indicados.

DEPARTAMENTO	PLANTA
Restaurante	8
Mueblería	7
Electrodomésticos	6
Caballeros	5
Bebés y Niños - Jueguetería	4
Señoras - Jóvenes	3
Zapatería	2
Joyería – Cosméticos	1
Dulcería – Librería	BAJA
Electrodomésticos Pequeños	SÓTANO

1. Vaya a la planta _____ para ver los perfumes.

2. Se venden pantalones para Rita en la planta _____.

3. En la planta _____ se venden anillos, aretes y brazaletes.

4. Si necesita un secador de pelo, debe ir a la planta _____.

5. En la planta _____ Elena se compró un traje de baño para sí misma.

6. Elena y Rita vieron todas las muñecas en la planta _____.

7. Si los clientes tienen hambre, pueden subir a la planta _____.

8. En la planta _____ Elena le compró un cinturón a su papá.

9. Los turistas pueden comprar tarjetas postales en la planta _____.

10. En la planta _____ están los tocadores, camas y sillones.

11. Para comprar un par de botas, uno debe ir a la planta _____.

12. En la planta _____ se encuentran todo tipo de chocolates.

13. Las secadoras están en la planta _____ con los lavaplatos.

14. En la planta _____ se vende ropa de moda para adolescentes.

D. En El Corte Inglés. Imagínese que usted está hablando con un(a) dependiente de El Corte Inglés en Barcelona. Complete la siguiente conversación lógicamente, usando las palabras de la lista, y otras palabras apropiadas después de los tres puntos (…). Note: un dólar estadounidense = 135 pesetas.

caro	costar	a crédito
gangas	rebaja	con cheque
grande	barato	en efectivo
bonito	ahorrar	lo / la / los / las

USTED: ¿Hay una _____ de artículos eléctricos hoy?

DEPENDIENTE: Sí, aproveche y _____.

USTED: ¿Qué _____ tiene usted?

DEPENDIENTE: Pues, tengo… _____.

USTED: Es muy… _____ . ¿Cuánto _____?

DEPENDIENTE: Solamente… _____ pesetas.

USTED: No está _____ . _____ llevo.

DEPENDIENTE: ¿Quiere usted pagar _____?

USTED: No. Pago _____.

E. En una tienda especializada. Escriba una conversación entre un(a) dependiente de una tienda especializada (por ejemplo, una librería) y usted.

_____

_____

_____

_____

_____

_____

_____

_____

_____

_____

_____

Atajo

Functions:	Attracting attention; asking for help; asking information; pointing to an object or person, expressing an opinion; thanking
Vocabulary:	Clothing; furniture; computers; stores and products; colors; fabrics; quantity
Grammar:	Demonstrative adjectives; verbs: imperative

GRAMÁTICA FUNCIONAL

Uses of *por* and *para*

A. Tía y sobrina. Complete las siguientes conversaciones, usando las preposiciones **por** y **para** apropiadamente.

AMANDA: ¿Aló, Sarita? Habla tu tía Amanda. Oye, ¿quieres ir de compras conmigo?

SARITA: Pues sí, tía… con mucho gusto. Pero primero tengo que hacer una cosa _____ mi

mamá esta mañana.

AMANDA: Está bien porque pienso ir _____ la tarde. Paso _____ ti en mi auto a las

cuatro. ¿Está bien?

SARITA: Sí, tía. Gracias _____ invitarme.

AMANDA: _____ nada, Sarita. Hasta luego.

....

AMANDA: Perdón, ¿puedo probarme estos pantalones, _____ favor?

DEPENDIENTE: Claro que sí, señorita. Pase usted _____ aquí.

AMANDA: Quiero comprarlos _____ mi amiga _____ su cumpleaños. Ella y yo usamos

la misma talla.

DEPENDIENTE: Usted puede probárselos _____ aquí, señorita.

AMANDA: … Ay, no me quedan bien. ¿Me los puede arreglar (*to alter*), _____ favor?

DEPENDIENTE: Pues, claro que sí. ¿_____ cuándo los necesita usted?

AMANDA: _____ el lunes, si es posible.

DEPENDIENTE: Muy bien, señorita. Venga usted el lunes _____ la tarde, _____ favor.

....

SARITA: Quiero un rollo de película, _____ favor.

DEPENDIENTE: ¿_____ fotos o _____ diapositivas, señorita?

SARITA: _____ fotos. Voy a sacar algunas fotos _____ mi álbum.

DEPENDIENTE: Qué buena idea, señorita. Aquí lo tiene. Pague en la caja, _____ favor.

SARITA: Muchas gracias _____ su ayuda, señor.

DEPENDIENTE: _____ servirle, señorita.

. . . .

SARITA: ¿Cuánto pagaste _____ ese collar, tía?

AMANDA: Diez mil pesetas. Lo compré _____ una fiesta el sábado.

SARITA: ¿_____ cuánto tiempo vas a estar allí?

AMANDA: ¿Quién sabe? Tal vez _____ tres o cuatro horas. ¿_____ qué?

SARITA: Porque quiero ir contigo. ¿_____ favor, tía?

AMANDA: ¡_____ Dios, Sarita! Es una fiesta _____ adultos. Tienes solamente diez

años.

B. La reserva. Esta mañana Hugo Fernández, un primo de Elena Navarro, fue a una laguna cerca de Barcelona para alquilar un bote (*rent a boat*). Complete su conversación con el empleado, usando correctamente las preposiciones **por** y **para**.

Hugo

1. Perdón, ¿dónde puedo alquilar un bote

   _____ aquí?

3. Hoy _____ la tarde. ¿Cuánto

   cuesta alquilar un bote?

5. ¡_____ Dios, señor! Soy

   estudiante; no soy rico.

7. ¿No puede rebajar el precio un poco

   más, _____ favor?

Empleado

2. Yo alquilo botes, señor.

   ¿_____ cuándo lo quiere?

4. 1.300 pesetas _____ hora.

6. Estudiante, ¿eh? Bueno, _____

   usted, tengo un precio especial: 1.000 pesetas

   _____ hora.

8. Bueno, deme 800 pesetas _____

   hora, pero solamente si alquila el bote

   _____ dos horas o más.

9. Está bien porque mis amigos y yo

vamos a la isla _____

nadar y descansar después.

10. Es muy bonito _____ allí. Bueno,

usted tiene la reserva _____ hoy

_____ la tarde.

11. Muchas gracias _____ todo.

12. _____ nada. Hasta pronto, señor.

C. La excursión.
Complete la siguiente narración y conversación con las preposiciones **por** y **para,** apropiadamente.

Ejemplo: Hugo y sus amigos salieron __para__ el lago a la una.

Hoy _____ la tarde, Hugo y tres amigos hicieron una excursión en bote _____ tres horas.

Fue un día perfecto _____ hacerla porque hacía mucho sol y no había viento. Pagaron solamente 600

pesetas _____ persona _____ la excursión.

LUIS: Bueno, ¿adónde vamos? No conozco nada _____ aquí.

HUGO: Vamos al otro lado de la laguna…. a la isla _____ nadar.

LUIS: Vamos _____ aquí _____ no chocar con los otros botes.

MAGÁLY: Hombre, _____ favor. Vamos _____ este lado.

CECI: Sí, alquilamos el bote solamente _____ tres horas. No tenemos mucho tiempo. Oye, aquí

tengo algunos dulces _____ todos.

MAGÁLY: _____ mí, un chocolate, _____ favor. Mmm… ay, ¡qué rico!

LUIS: ¡_____ Dios! ¡Vamos! ¡Vamos!

HUGO: Gracias _____ el dulce, Ceci. ¡Ahora podemos comenzar la excursión!

D. Conversaciones breves.
Escriba una conversación que corresponda a cada dibujo, usando las preposiciones **por** y **para** apropiadamente.

Ejemplo: HUGO: _Muchas gracias por todo, señor.___

_Nos divertimos mucho.___

SEÑOR: _De nada, señor. Que le vaya bien. Hasta luego.__

HUGO: _Adiós.___

E. ¿Y usted? Conteste las siguientes preguntas en oraciones completas.

Ejemplo: ¿Adónde fue usted de vacaciones el año pasado?

Fui a San Francisco, California.

1. ¿Adónde fue usted de vacaciones el año pasado?

   _____

2. ¿Cuánto tiempo estuvo usted allí?

   _____

3. ¿Qué regalos compró usted, y para quiénes?

   _____

4. ¿Le tomaron a usted allí por turista o no?

   _____

5. ¿Cuántos dólares pagó usted por el viaje?

   _____

6. ¿Cuándo volvió usted de sus vacaciones, y por qué?

   _____

Adverbs

F. Madre e hija. Complete los siguientes párrafos, usando los adjetivos indicados para formar adverbios que terminan en **-mente.**

solo	franco	rápido	especial	paciente
feliz	exacto	natural	preciso	inmediato

Elena trabajaba en la cocina y escuchaba la radio _____felizmente_____. Cuando Rita oyó

el anuncio sobre la Rebaja del Año, ella reaccionó _____ y corrió

_____ a decírselo a su mamá.

—Mamá, van a tener una rebaja en El Corte Inglés, y es _____ una vez al año.

Elena le contestó _____ y con mucha calma:

—Sí, hija. Yo sé que van a tener una rebaja allí.

—Vamos, mamá. ¡Por favor!

— _____. Tú sabes cómo me gustan las rebajas, Rita.

—La rebaja comienza el viernes. Debemos llegar _____ a las nueve de la mañana

cuando abren las puertas.

—_____ tengo que trabajar el viernes, pero podemos ir el sábado.

—Yo sé _____ lo que quiero comprar, mamá.

—¿Qué?

—Una muñeca nueva. Ésta está muy vieja y fea.

—Bueno, vamos a buscar otra muñeca _____ para ti.

—Gracias, mamá.

G. De compras. Complete las siguientes oraciones con adverbios apropiados que terminan en **-mente,** según su situación. La lista de los adjetivos en el Ejercicio F y la siguiente lista pueden ser útiles.

Ejemplo: Voy a los centros comerciales _frecuentemente_.

fácil	trágico	reciente
claro	regular	tranquilo
triste	general	elocuente
básico	perfecto	constante
normal	puntual	frecuente

1. _____ tengo suficiente dinero para comprar lo que necesito.

2. Voy a los centros comerciales _____ los fines de semana.

3. Voy de compras _____ cuando hay rebajas y muchas gangas.

4. _____ no me gusta ir de compras cuando hay mucha gente.

5. Cuando sé que hay una rebaja fantástica, voy a la tienda _____ .

6. Si la rebaja comienza a las nueve de la mañana, llego _____ .

7. _____ prefiero pagar mis compras con una tarjeta de crédito.

H. Mis pasatiempos. Escriba dos párrafos sobre sus pasatiempos pasados y actuales (*present*), y la frecuencia con que usted los hacía (hace). Usted puede incluir otra información interesante también.

Ejemplos: Cuando era niña, cada día jugaba al béisbol con mis compañeros

de clase. También jugábamos al básquetbol y al fútbol americano.

Los fines de semana miraba la televisión por la mañana y...

Actualmente, voy al cine con mis amigos una vez a la semana.

Normalmente, vamos al cine que está en el centro comercial Bellis

Fair. Voy de compras los fines de semana cuando tengo más tiempo

porque estoy ocupada los días de semana. Muchas veces...

¿Qué actividades hacía/hace usted?

ir al cine	mirar la televisión
ir de compras	hablar por teléfono
jugar al _____	visitar a los abuelos
ir a una fiesta	dormir hasta mediodía
escribir cartas	ver películas en video
hacer ejercicio	comer en un restaurante
leer el periódico	salir con amigos a bailar
jugar a las cartas	montar en bicicleta (a caballo)

¿Con qué frecuencia las hacía/hace usted?

a veces	(casi) siempre	una vez a la semana
(casi) nunca	cada día (mes)	los fines de semana
muchas veces	dos veces al día	todos los días (años)

_____

_____

_____

_____

_____

_____

AUTOPRUEBA

Vocabulario

De compras. Para cada categoría escriba los artículos lógicos de la lista. El número de líneas indica el número de prendas de ropa en cada categoría.

anillos, aretes, bolígrafos, cámaras, collares, grabadoras, impresoras, juegos de video, lápices, relojes, rollos para diapositivas, secadores de pelo, sobres, tarjetas postales, tripiés

1. **En la joyería:** _____ _____
   _____ _____

2. **En la papelería:** _____ _____
   _____ _____

3. **El equipo fotográfico:** _____ _____
   _____ _____

4. **Los artículos eléctricos:** _____ _____
   _____ _____

Gramática

A. Entre amigas. Complete la siguiente conversación con las preposiciones **por** o **para**.

MARTA: ¿Sabes qué, Elena? Ayer salí de Mallorca _____ llegar aquí. Llegué hoy _____ la tarde.

ELENA: ¡Qué bueno, Marta! ¿_____ cuánto tiempo estuviste en Mallorca y _____ qué fuiste allí?

MARTA: Fui _____ una semana _____ descansar de mi trabajo del almacén. Oye, tengo un

regalo _____ ti.

ELENA: ¡_____ Dios! Todas estas tarjetas postales bonitas son _____ mí? Eres tan simpá-

tica, Marta. Gracias _____ las postales.

B. En El Corte Inglés. Complete el siguiente párrafo con adverbios apropiados de
la lista.

nunca	una vez	finalmente
luego	primero	normalmente

_____ fui de compras a El Corte Inglés. _____ fui allí antes;

_____ voy de compras a otro almacén. _____, compré un rollo de fotos.

_____ miré los vestidos nuevos pero no compré nada.

_____, fui a almorzar en el restaurante.

Cultura

Lea cada oración eindique si es verdadera (**Sí**) o falsa (**No**).

1. La mayoría de los almacenes hispanos abren a las ocho de la mañana. _____

2. En muchos almacenes hispanos se puede pagar con tarjeta de crédito. _____

3. En los países de habla española la mayoría de las pequeñas tiendas están
   abiertas los domingos y los días festivos. _____

4. Los hombres y las mujeres pueden ir a una peluquería para un corte de pelo. _____

ANSWERS TO AUTOPRUEBA

Vocabulario

De compras

1. anillos, aretes, collares, relojes
2. bolígrafos, lápices, sobres, tarjetas postales
3. cámaras, rollos para diapositivas, tripiés
4. grabadoras, impresoras, juegos de video, secadores de pelo

Gramática

A. Entre amigas

para, por, Por, por, por, para, para, Por, para, por

B. En El Corte Inglés

Una vez, Nunca, normalmente, Primero, Luego, Finalmente

Cultura

1. No
2. Sí
3. No
4. Sí

Actividades y ejercicios orales
EN CONTEXTO

Las rebajas. Escuche la narración y anote la información abajo.

Hint: This chart is designed for you to take notes as you listen. Before beginning the
tape, read the topics of information listed.

hora:	
actividades en casa:	
tienda:	
artículos de interés a Rita:	
cuándo van a la tienda:	
precio del televisor:	
Elena no compra:	
Elena compra:	

VOCABULARIO ÚTIL

A. Rebajas en El Corte Inglés. Escuche un anuncio de El Corte Inglés. Empareje los
departamentos con el piso apropiado. No se mencionan todos los departamentos o pisos.

7ª planta _____   Caballeros
                                                             Jóvenes
6ª planta _____   Equipo fotográfico
                                                             Joyería
5ª planta _____   Papelería
                                                             Infantil
4ª planta _____   Juguetes
                                                             Perfumería
3ª planta _____   Zapatería
                                                             Electrodomésticos
2ª planta _____

1ª planta _____

planta baja_____

sótano _____

B. En el ascensor (*elevator*). Muchos ascensores en los almacenes grandes anuncian automáticamente el piso y los diferentes departamentos. En cada caso aquí, escriba el piso y el departamento o los departamentos que se anuncian en el ascensor.

⌐ **Hint:** To prepare for this activity, review the *Vocabulario útil* in your textbook. Remember that in most large department stores, each floor has several departments. You may find it easier to listen first for the floor numbers and second for the corresponding departments.

Piso	Departamento(s)
1. _____	_____
2. _____	_____
3. _____	_____
4. _____	_____
5. _____	_____
6. _____	_____
7. _____	_____

C. Buscando regalos. Escuche el diálogo entre Pilar, la amiga de Elena, y un dependiente de la tienda. Marque con un círculo todos los artículos mencionados en la conversación.

joyas	álbum de fotos	bolígrafos	muñeca
cámara	máquina de afeitar	grabadora	papel para cartas
aretes	anillos	brazalete	impresora

D. Las tiendas especializadas. Usted va a oír los nombres de algunos objetos que se encuentran en tiendas especializadas. Escriba en qué tienda se encuentran. Siga el modelo.

⌐ **Hint:** You may remember that the ending *-ería* refers to specialty shops or departments.

Ejemplo: Aquí se compran relojes.

Se compran en <u>la relojería.</u>

1. Se compran en la _____.

2. Se compran en la _____.

3. Se compran en la _____.

4. Se compran en la _____.

5. Se compran en la _____.

6. Se compran en la _____.

7. Se compran en la _____.

GRAMÁTICA FUNCIONAL

A. ¿Para o por? Usted va a oír ocho frases. Contéstelas, usando **para** o **por.**

Ejemplo: ¿Para qué compra el regalo?

Lo compro para un aniversario.

1. _____

2. _____

3. _____

4. _____

5. _____

6. _____

7. _____

8. _____

B. Los adverbios. Escuche las siguientes frases. De los adjetivos mencionados, forme adverbios. Escriba los adverbios en los espacios.

Ejemplo: Ángela aprende a tocar el piano. Es un proceso lento.

Ella toca el piano _lentamente._

1. Mi auto va _____.

2. Roberto juega _____.

3. La señora Machado hace su trabajo _____.

4. Marisol juega con su perro _____.

5. Escucho la música _____.

6. El señor Blanco hace todo _____.

C. Más adverbios. Escuche las siguientes frases. Decida cuál adverbio es el más apropiado y marque la respuesta correcta con un círculo.

1.	una vez	nunca	muchas veces	5. muchas veces	otra vez	una vez
2.	nunca	a veces	todos los días	6. todos los años	dos veces	casi siempre
3.	una vez	cada día	siempre	7. cada día	una vez	otra vez
4.	siempre	nunca	a veces	8. nunca	siempre	una vez

D. Compras. Usted está en el almacén y oye unas conversaciones breves. Decida a cuál dibujo corresponde cada conversación y marque el número.

⌐**Hint:** Before beginning this activity, think how you would describe the actions in the illustrations in Spanish. You may wish to review the *En contexto* section of this lesson for vocabulary.

_____

_____

_____

_____

_____

E. En El Corte Inglés. Escuche las siguientes conversaciones entre una vendedora de El Corte Inglés y unos clientes. Seleccione la continuación más apropiada para cada situación.

1.   a. Sólo estoy mirando.

    b. Aquí tiene su cambio.

    c. Por nada.

2.   a. Es posible mandarlo directamente a su casa.

    b. Aceptamos tarjetas de crédito.

    c. Aquí tiene su dinero.

3.   a. Aquí tiene su cambio.

    b. Aquí tiene su anuncio.

    c. Aquí se paga en efectivo.

4.   a. …un anillo con diamantes.

    b. …unos aretes.

    c. …una blusa bonita.

5.   a. ¿En qué puedo servirle?

    b. ¿Cuánto cuesta?

    c. ¿Cuándo contesta?

L
E
C
C
I
Ó
N

12

¿Qué van a comer?

Actividades y ejercicios escritos

EN CONTEXTO

En el restaurante

Lea el párrafo y la conversación en la sección *En contexto* en la página 294 de su libro de texto. Luego, basado en lo que usted leyó, complete las siguientes oraciones con palabaras apropiadas de la lista.

paella	terraza	gaseosa	Mallorca
sangría	galleta	papagayo	tenedores

1. Elena y sus parientes fueron a la isla de _____.

2. Dedicieron comer en un restaurante de tres _____.

3. En el restaurante Rita quería sentarse en la _____.

4. A Rita le gustaba el _____ que tenían en ese lugar.

5. Esta niña tenía mucha sed y, por eso, pidió una _____.

6. Los turistas decidieron comer _____ y tomar _____.

7. Rita le dio una _____ salada al papagayo que le gustaba tanto.

VOCABULARIO ÚTIL

A. En la mesa. Identifique las cosas en esta mesa.

1. la jarra _____

2. _____

3. _____

4. _____

5. _____

6. _____   10. _____

7. _____   11. _____

8. _____   12. _____

9. _____

B. ¡Buen provecho! Mire el menú del Restaurante Botín en la página 298 de su libro de texto. Escriba lo que a usted le gustaría pedir de ese menú para cenar esta noche.

Primero, me gustaría beber _____. Para comenzar voy a comer _____

con _____. Luego quiero comer _____. Tengo ganas de comer

_____, pero no quiero _____. De postre, pienso pedir _____

con _____. Después, creo que voy a pedir una taza de _____.

C. Mi restaurante. Imagínese que usted va a abrir un restaurante en una comunidad hispana. Haga un menú atractivo con el nombre de su restaurante, la comida que usted va a ofrecer y los precios de cada plato.

_____

CARNES

_____
_____

ENSALADAS

_____
_____

POSTRES

_____
_____

PESCADOS

_____
_____

SOPAS

_____
_____

BEBIDAS

_____
_____

ESPECIALIDAD DE LA CASA

Nombre _____ Fecha _____

D. A la hora del almuerzo. Escriba una conversación entre un(a) camarero(a) y
dos turistas que quieren almorzar. Use palabras y frases de esta sección y el vocabulario
que usted aprendió en otras lecciones, especialmente en *Lección 5* y *10*. Aquí tiene usted
algunas ideas.

El (La) camarero(a) debe…
- saludar a los clientes según la hora.
- recomendar algo especial en el menú.
- tomar el pedido de sus dos clientes.
- responder a las preguntas de ellos.
- servirles sus bebidas y su almuerzo.
- preguntarles si quieren postre y café.
- preguntarles si quieren otra cosa.
- traer la cuenta cuando los clientes se la pidan.
- despedirse de sus clientes cortésmente.

Cada cliente debe…
- saludar al (a la) camarero(a).
- hacerle preguntas sobre el menú.
- seleccionar alguna bebida del menú.
- decirle su pedido al (a la) camarero(a).
- comentar sobre el restaurante mientras come.
- expresar su opinión sobre la comida.
- pedir otra bebida que le guste.
- pedir postre y café o té, a su gusto.
- pedir la cuenta al final del almuerzo.
- pagar la cuenta y dejar una propina.
- despedirse del (de la) camarero(a).

_____

_____

_____

_____

_____

_____

_____

_____

_____

_____

_____

_____

_____

_____

_____

Atajo

Functions: Agreeing and disagreeing; appreciating food; requesting or ordering; expressing a need; expressing an opinion

Vocabulary: Food: tapas, bread, cheeses, drinks, meat, fish and seafood, restaurant, place setting

Grammar: Verbs: imperative

GRAMÁTICA FUNCIONAL

Present Perfect Indicative

A. Entre amigas. Complete la siguiente conversación con formas apropiadas del verbo **haber.**

—Hola, soy Catalina.

—Hola, soy Rita. ¿Qué te _____ pasado?

—_____ perdido mi libro. ¿Lo _____ visto por aquí?

—Pues no, Catalina. No _____ visto ningún libro.

—Mi mamá me lo compró en la Argentina.

—Ay, ustedes _____ venido desde lejos.

—Sí, _____ llegado anoche aquí a Mallorca.

B. Entre mejores amigas. Complete la siguiente conversación usando los participios de estos verbos: **almorzar, comer, dar, estar, ver, volver.**

—¿Has _____ en esta heladería antes, Rita?

—Sí, Catalina. Mi mamá y yo hemos _____ aquí dos veces.

—Oye, ¿ya has _____ ?

—Pues sí. Mi familia y yo hemos _____ en el Torremolinos.

—Yo también. ¿Has _____ el papagayo allí, Rita?

—Claro que sí. Le he _____ muchas galletas saladas.

C. Queridos abuelitos... Rita les ha escrito una tarjeta postal a sus abuelos que viven en Barcelona. Complete la tarjeta postal, usando el presente perfecto de los verbos en la lista.

ver	hacer	comprar
comer	jugar	escribir
nadar	conocer	divertirse

Queridos abuelitos,

¿Cómo estáis? Yo estoy bien aquí en Mallorca. _____

_____ _____ mucho hoy porque

_____ _____ muchas cosas interesantes. Por

ejemplo, esta mañana _____ _____ en el Mar

Mediterráneo y _____ _____ al vólibol con mi

prima Amalia. Por la tarde _____ _____ una

muñeca pequeña en un almacén y _____

_____ una película en el cine. También _____

_____ a una niña argentina. Se llama Catalina y tiene seis años

como yo. Catalina y yo _____ _____ helado en

una heladería.

   Bueno, ya os _____ _____ mucho en esta

tarjeta postal. Voy a deciros más en Barcelona.

                                        Abrazos y besos,
                                        Rita

D. Pensando en la comida... Escriba tres párrafos, contestando las siguientes preguntas. Use palabras y frases que usted ha aprendido en este libro.

1. ¿Ha comido algo hoy? ¿Qué ha comido? ¿Qué ha bebido? ¿Dónde y con quién comió hoy? ¿Cuál es la comida más rica que ha probado recientemente? Descríbala un poco, por favor.

_____

_____

_____

_____

_____

2. ¿Ha invitado usted a alguien a comer en su casa esta semana? ¿Por qué? ¿Quién es la persona más interesante que usted ha invitado a su casa? ¿Cómo es esa persona? ¿Qué hicieron ustedes?

_____

_____

_____

_____

3. ¿Ha almorzado usted en un restaurante mexicano? ¿Con quién fue? ¿Qué pidió usted del menú? ¿Cuántas veces ha vuelto usted a ese restaurante? ¿Por qué? ¿Cómo se llama el mejor restaurante en que usted ha comido? ¿Dónde está? ¿Por qué es un restaurante excelente?

_____

_____

_____

_____

Preterite and Imperfect

E. Recuerdos de Mallorca. Escriba la siguiente carta, que Elena quiere mandar a su novio Tomás. Cambie los infinitivos por las formas correctas del pretérito o del imperfecto.

Querido Tomás,

Lo estamos pasando bien en Mallorca. Rita, Simón, Rosa, Toño, Amalia y yo **llegar** a la isla a mediodía y ya **hacer** calor. ¡Qué bonito día **ser,** Tomás! (Nosotros) **Ir** directamente a nuestro hotel donde **tener** una reserva por una semana. ¿Sabes cuál **ser** la primera cosa que **hacer?** ¡**Ponernos** el traje de baño y **nadar** en el Mediterráneo! El agua **estar** maravillosa. Después, **cambiarnos** de ropa y **tomar** un taxi al Restaurante Torremolinos. Allí **haber** un papagayo en la terraza. Creo que Rita **enamorarse** de él porque le **dar** muchas galletas saladas.

_____

_____

_____

_____

_____

_____

_____

_____

_____

_____

F. Una joven aventurera. Complete la siguiente narración sobre una aventura de Teresa, una joven de 20 años. Recuerde que se usa el pretérito para describir la acción, y el imperfecto para describir el estado de las cosas cuando la acción ocurría. Use los verbos de la lista para cada párrafo correspondiente.

ser   tener   gustar   saber   hacer   querer

Cuando Teresa _____ veinte años, _____ una aventura de

autostop (*hitchhiking*) a Vermont porque _____ conocer ese estado y a su gente. Ella

_____ una estudiante ambiciosa, _____ hablar inglés un poco y le

_____ viajar (*to travel*).

ir   llegar   vestirse   desayunar   pasar   ducharse   lavarse los dientes   levantarse

Teresa _____ un mes preparándose para el viaje. Por fin,

_____ el día para salir. La joven _____ a las seis de la mañana y

_____ al baño donde _____, _____ y

_____ de camiseta, jeans y zapatos de tenis. Entonces _____ cereal

con leche y jugo de naranja.

ir   dormir   despertar   dar   abrazar   despedirse

Luego Teresa _____ al dormitorio de sus padres, que todavía

_____ en la cama. La joven los _____ y _____ de

ellos: le _____ a su papá y le _____ un beso a su mamá.

salir   estar   tomar   poder   querer   comenzar

Teresa _____ la mochila y _____ de su casa. Pero, ¡qué horror!

_____ a llover mucho. La joven _____ muy frustrada, pero ¿qué

_____ hacer? Claro que ella _____ hacer el viaje.

ser   hacer   pensar   salir   tomar   volver

Teresa _____ un momento. Luego _____ una decisión natural:

_____ a casa y _____ el próximo día en que

_____ mejor tiempo. ¡ _____ una decisión excelente!

G. ¿Y usted? Escriba una narración sobre uno de sus viajes o aventuras. Las siguientes preguntas sirven como ideas.

1. Cuando usted era más joven, ¿adónde fue una vez?
2. ¿Con quién hizo usted el viaje?
3. ¿Por qué fueron ustedes allí?
4. ¿Cómo era ese lugar?
5. ¿Qué hicieron ustedes allí?
6. ¿Qué tomaron y comieron?
7. ¿Qué compraron y dónde?
8. ¿A quién conoció usted allí?
9. ¿Cuándo volvieron ustedes a casa?

_____

_____

_____

_____

_____

_____

_____

_____

_____

_____

AUTOPRUEBA

Vocabulario

En la mesa. Escribe en español el nombre de cada cosa en la mesa con su artículo definido.

1. _____   7. _____

2. _____   8. _____

3. _____   9. _____

4. _____   10. _____

5. _____   11. _____

6. _____   12. _____

Gramática

A. Entre amigas. Complete la siguiente conversación, usando el presente perfecto de los verbos de la lista.

ver	leer	poner	volver	escribir
hacer	mirar	tener	visitar	divertirse

BERTA: ¿Qué _____ _____ tú y tu mamá este fin de semana, Rita?

RITA: Mi mamá _____ _____ un libro, y ella _____

_____ dos cartas. Yo _____ _____ la

televisión. _____ _____ algunas películas de Disney.

BERTA: ¿Qué películas _____ _____, Rita?

RITA: No recuerdo los nombres, pero las películas _____ _____

muchos animales.

BERTA: ¡Qué bueno! Pues, mis padres y yo _____ _____ a mis abuelos.

(Nosotros) _____ _____ _____ mucho allí. _____

_____ a casa hace una hora.

B. Entre Elena y Marta. Complete la siguiente conversación, usando apropiadamente el pretérito y el imperfecto de los verbos entre paréntesis.

ELENA: Anoche mientras (trabajar) _____ en la cocina, Marcos me (llamar)

_____ por teléfono.

MARTA: ¿Marcos? ¿El hombre que (conocer) _____ en el supermercado?

Pues, ¿qué (querer) _____ él, Elena?

ELENA: Pues, Marcos me (invitar) _____ a salir a bailar el próximo sábado. (ser)

_____ una sorpresa para mí.

MARTA: Oye, ¡qué sorpresa más buena (recibir) _____ tú! ¿Y qué le (decir)

_____ a Marcos, Elena?

ELENA: Le (decir) _____ que no (poder) _____ salir con él el sábado

porque ayer mis tíos nos (invitar) _____ a Rita y a mí a su casa.

MARTA: Luego, ¿qué te (decir) _____ Marcos cuando (oír) _____ tu

respuesta?

ELENA: Pues, Marcos (ser) _____ tan simpático: me (invitar) _____ a

bailar el domingo y yo (aceptar) _____ su invitación.

Cultura

Lea cada oración, luego indique si es verdadera (**Sí**) o falsa (**No**).

1. En Latinoamérica y en España, la mayoría de los restaurantes tienen un menú a la entrada. _____

2. Por lo general, no hay ninguna sección de no fumar en los restaurantes de los países de habla española. _____

3. Normalmente, los españoles van a los bares de tapas por la mañana. _____

4. La tortilla española es más o menos como la tortilla mexicana. _____

ANSWERS TO AUTOPRUEBA

Vocabulario

En la mesa

1. la cuchara
2. el tenedor
3. el plato
4. el cuchillo
5. la servilleta
6. la taza

7. el vaso
8. la jarra
9. la copa
10. la botella
11. el salero
12. el pimentero

Gramática

A. Entre amigas

han hecho, ha leído, ha escrito, he mirado, Han puesto, has visto, han tenido, hemos visitado, Nos hemos divertido, Hemos vuelto

B. Entre Elena y Marta

trabajaba, llamó, conociste, quería, invitó, Fue, recibiste, dijiste, dije, podía, invitaron, dijo, oyó, fue, invitó, acepté

Cultura

1. Sí
2. Sí
3. No
4. No

Actividades y ejercicios orales

EN CONTEXTO

Una comida de familia. Escuche la conversación en el Restaurante Torremolinos cuando Elena y algunas personas de su familia fueron a comer allí. Marque **quiénes, dónde, cuándo** y **qué pidieron** con un círculo, según las respuestas que siguen.

⌐┘ **Hint:** Listen to the whole conversation once to get the main ideas. Then listen again for the specific information requested.

¿Quiénes? (la familia)

Elena

los tíos Simón y Rosa

el papagayo

Tomás

Toño

Rita

Amalia

el camarero

¿Dónde?

en la isla de Mallorca

en un restaurante de cuatro tenedores

en un restaurante de Barcelona

en la terraza

¿Cuándo?

12:15 de la tarde

2:15 de la tarde

2:15 de la mañana

¿Qué pidieron?

VOCABULARIO ÚTIL

A. En el Café Sol. Simón y Rosa están de vacaciones y van al Café Sol. No hay menú y el camarero les va a decir lo que hay y preguntar qué quieren. ¿Qué escribe el camarero en la cuenta?

🔲 **Hint:** First listen to the conversation to determine the day's menu. What type of foods do you think would be served at a cafe? Then, as you listen to the conversation again, fill out the order form in Spanish.

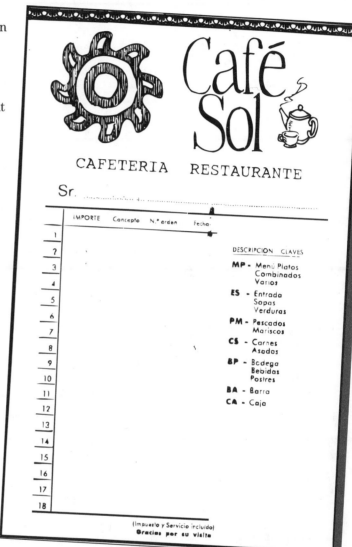

B. Descripciones y opiniones. Usted va a oír una frase o un comentario. De la información que tiene, decida la palabra que describa mejor la frase. Marque la respuesta más apropiada con un círculo.

🔲 **Hint:** Before beginning the exercise, you may wish to review the vocabulary from this lesson.

1.	una taza	un vaso	una copa
2.	el entremés	la mesa	la entrada
3.	un cuchillo	una cuchara	un tenedor
4.	el postre	el plato	el entremés
5.	la jarra	la cuchara	la servilleta
6.	una copa	un vaso	un plato

C. Me falta algo. Usando el vocabulario de esta lección, conteste las preguntas con la información dada. Complete las oraciones.

1. Necesito _____.

2. Recomiendo _____.

3. También hay _____.

4. Dice _____.

5. Se necesita _____.

6. Me trae _____.

7. Dele la _____.

GRAMÁTICA FUNCIONAL

A. Una ganga en El Corte Inglés. Elena habla con su amiga sobre las rebajas fantásticas en El Corte Inglés. Indique si Elena usa el **pretérito** o el **imperfecto** en cada frase.

⌐ **Hint:** Remember that the preterite generally is used for describing actions that happened at a given point in the past. The preterite is frequently accompanied by phrases such as *un día, el domingo pasado, a las dos, anoche,* etc. The imperfect describes actions and events that were repeated habitually. It is also used to describe background information. It sets the stage and tells what was going on.

1. Pretérito   Imperfecto   5. Pretérito   Imperfecto

2. Pretérito   Imperfecto   6. Pretérito   Imperfecto

3. Pretérito   Imperfecto   7. Pretérito   Imperfecto

4. Pretérito   Imperfecto

B. Las vacaciones en Mallorca. Elena Navarro está explicando a una amiga las vacaciones que acaba de pasar en Mallorca. Escuche sus comentarios y decida si las siguientes frases son **correctas (C), incorrectas (I)** o si **no hay suficiente información (N).**

1.	Elena y Rita pasaron dos semanas en Mallorca.	C	I	N
2.	Rita estaba triste por no estar en su casa.	C	I	N
3.	Elena se ha divertido en Mallorca.	C	I	N
4.	Rita tenía amigas en Mallorca.	C	I	N
5.	Elena no jugó ningún deporte.	C	I	N
6.	Elena y Rita han decidido ir a Mallorca otra vez.	C	I	N

C. Antes y ahora. Usted va a oír una serie de preguntas personales. Conteste cada pregunta con oraciones completas, usando correctamente el pretérito o el imperfecto.

1. _____

2. _____

3. _____

4. _____

5. _____

6. _____

D. Rita, ¿qué tal? Toño llama a Rita después de las vacaciones. Usted va a oír cinco preguntas que Toño le hace en el pretérito. Cambie las preguntas al presente perfecto durante la pausa. Usted va a oír cada pregunta correcta después.

Ejemplo: ¿Dormiste bien anoche?

¿Has dormido bien?

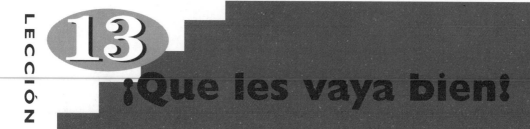

13
¡Que les vaya bien!

Actividades y ejercicios escritos

EN CONTEXTO

En la playa de Reñaca

Lea el párrafo y la conversación en la sección *En contexto* en la página 317 de su libro de texto. Luego, basado en lo que usted leyó, empareje cada nombre de la primera columna con su identidad de la segunda columna.

1. Viña del Mar   a. novio de María   _____

2. Luis   b. joven inteligente que nada bien   _____

3. María   c. joven que no sabe nadar muy bien   _____

4. Jorge   d. joven que mantiene bien su salud   _____

5. Reñaca   e. ciudad chilena situada en la costa   _____

6. Gregorio   f. playa chilena cerca de Viña del Mar   _____

VOCABULARIO ÚTIL

A. ¿Qué sabe usted y qué quiere aprender? Complete las siguientes frases, según los dibujos.

Yo sé… _____ .

Yo no sé… _____ .

Quiero aprender a… _____ .

B. Mis artículos personales. Complete los siguientes párrafos apropiadamente.

Tengo un traje de baño de color _____, que compré en

_____. Si compro otro este año, prefiero comprar uno de color

_____ porque _____ .

No quiero pagar más de _____ dólares por mi traje de baño.

Tengo un par de anteojos para el sol, que son de color _____. Los compré en

_____. Son de la marca _____ .

Cuando tomo el sol, prefiero usar crema bronceadora número _____ para

protegerme contra los rayos ultravioletas del sol. Siempre la compro en _____;

prefiero comprar la marca _____ .

C. En la playa de Reñaca. Complete la narración y la conversación con palabras apropiadas de la siguiente lista.

olas	broncearse	anteojos para el sol
playa	tomar el sol	toallas para la playa
bucear	traje de baño	pasear en velero
pelota	correr las olas	crema bronceadora
balneario	hacer esnórquel	esquiar en el agua

Ayer Luis, Jorge y algunas amigas hicieron algunas actividades en un _____ de

Viña del Mar en Chile. Primero, se pusieron el _____ en su cuarto de hotel. Luego,

salieron para la _____ donde encontraron un buen lugar para poner sus

_____ . Allí se pusieron los _____ y se aplicaron

_____ para protegerse contra el sol. Entonces, comenzaron a

_____ para _____ bien y descansar por una hora.

MAGÁLY: ¡Qué día más bonito! ¿Quieres _____ , Ceci?

CECI: No. Tengo miedo de esas _____ ; están muy grandes hoy. Prefiero

jugar al vólibol. ¿Dónde está la _____ ?

MAGÁLY: La olvidamos en el hotel.

JORGE: Pues, podemos _____ o _____ .

CECI: Pero las olas están muy grandes, Jorge. Nadie va a alquilarnos ni bote ni un velero por esas

olas grandes.

LUIS: Bueno, podemos _____ debajo de las olas.

JORGE: Pero Luis, no tienes un certificado para hacer eso.

LUIS: Entonces, podemos _____ . Eso no requiere ningún certificado y es

muy fácil hacerlo.

MAGÁLY: ¡Qué buena idea, Luis! Vamos a alquilar el equipo allí.

D. En el Restaurante Sol y mar. Imagínese que Luis, Jorge, Ceci y Magály están
comiendo y hablando en el Restaurante Sol y mar. Escriba una conversación entre ellos
sobre lo que van a hacer mañana en el balneario. Use palabras y frases de esta sección y
otras que usted ha aprendido.

_____

_____

_____

_____

_____

_____

_____

_____

_____

Atajo

Functions:	Planning a vacation; agreeing and disagreeing; asking and giving advice; linking ideas; weighing alternatives
Vocabulary:	Beach; sports; sports equipment
Grammar:	Verbs: subjunctive or compound tenses, infinitive

E. ¿Y usted? Complete las siguientes oraciones para expresar sus ideas.

1. ¿Cuándo va usted a la playa o al campo?

    _____

2. ¿Con qué frecuencia va usted allí?

    _____

3. ¿Qué cosas lleva usted a ese lugar?

    _____

    _____

    _____

4. ¿Qué actividades hace usted allí?

    _____

    _____

    _____

5. ¿Sabe usted nadar? (¿Sí? ¿Prefiere usted nadar en un lago, en el mar o en una piscina? ¿Por qué? / / ¿No? ¿Quiere usted aprender a nadar? ¿Por qué?)

    _____

    _____

    _____

GRAMÁTICA FUNCIONAL

Present Subjunctive Following the Verb *querer*

A. Planes inmediatos. Jorge y Luis están hablando en la playa. Complete su conversación con la forma correcta de los siguientes verbos.

tomar   jugar   mandar
estar   sacar   conocer
hacer   correr   broncearse

LUIS: ¿Quieres _____ las olas, Jorge?

JORGE: No. Quiero _____ el sol aquí en la playa.

LUIS: ¿Por qué quieres _____ más? Ya estás moreno.

JORGE: Porque quiero _____ más moreno, hombre.

LUIS: Entonces, ¿qué quieres que _____ juntos hoy?

JORGE: Quiero que _____ al vólibol con Ceci y Magály.

LUIS: ¿Con las chicas que conocimos ayer? Bien. Quiero _____las mejor. Vamos

en media hora, ¿eh?

JORGE: Bien. Oye, quiero que me _____ una foto.

LUIS: ¿Por qué?

JORGE: Porque quiero _____sela a mi polola.

LUIS: Bueno. Luego voy a nadar por media hora.

B. Cuatro amigos. Complete la siguiente conversación con la forma correcta de los siguientes verbos.

traer   jugar   acompañar
estar   comprar

LUIS: ¡Hola, Ceci! ¿Cómo estás, Magály?

CECI: Bien, gracias. ¡Hola, Jorge! ¿Qué tal?

JORGE: Bien, bien. ¿Quieren ustedes _____ al vólibol?

MAGÁLY: Gracias, pero íbamos a pasear en velero. ¿Quieren ustedes _____nos?

LUIS: Sí, gracias. Tengo unas cervezas en el hotel. ¿Quieren ustedes que las

_____?

CECI:: Pues, no tomo bebidas alcohólicas, Luis. Pero me gustan los refrescos.

JORGE: Yo también. Ahora voy a comprar algunos refrescos. ¿Qué refrescos quieren que yo

_____, Ceci?

CECI: No importa. Puedes comprar una variedad.

LUIS: Sí, y quiero que _____ bien fríos, Jorge.

C. Planes para mañana. Después de pasear en velero con Ceci y Magály, Jorge y Luis discutieron lo que iban a hacer el próximo día. Complete su conversación con la forma correcta de los siguientes verbos.

hacer	saber	llamar	divertirse
nadar	invitar	alquilar	ir (2 veces)

JORGE: ¿Qué quieres _____ mañana, Luis?

LUIS: Quiero _____ a la Laguna Sausalito.

JORGE: ¿Quieres que _____ un bote allí?

LUIS: Sí, y quiero _____ también.

JORGE: ¿Quieres que _____ a algunas chicas?

LUIS: Pues, claro que sí, hombre. Quiero que _____ a lo máximo.

JORGE: Yo también quiero eso, pero…

LUIS: ¿Quieres que nuestros amigos _____ que hemos salido con varias chicas?

JORGE: Pues…

LUIS: Entonces, ¿quieres que yo _____ solo a la laguna o quieres ir conmigo?

JORGE: Quiero que _____ juntos.

LUIS: Está bien. Yo voy a _____ a las chicas.

D. Dos amigos. Primero, lea cada párrafo. Luego, complete las oraciones según la información en el párrafo y según sus opiniones.

Luis no es el mejor estudiante de su universidad ni el peor. A él le gusta pasarlo bien con sus amigos en los cafés y en los cines. A veces, su mejor amigo Jorge se preocupa por Luis porque éste sale mucho y no se dedica tanto a sus estudios. Pero Luis es muy independiente y nunca escucha los consejos de sus amigos. Él prefiere vivir "de día en día", como siempre les dice a sus padres y amigos.

1. Luis quiere _____

_____.

2. Los padres de Luis quieren que su hijo _____

_____.

3. Jorge quiere que Luis _____

_____.

4. Los otros amigos de Luis quieren que él _____

_____.

Jorge quiere ser biólogo algún día y, por eso, es estudioso, siempre va a sus clases y estudia sus lecciones todos los días. También pasa muchas horas en el laboratorio de biología donde trabaja como asistente para uno de sus profesores. Una vez Luis le dijo: —Jorge, ¿por qué estudias tanto? La educación formal no es todo. Debes salir más frecuentemente con tu polola.

1. Jorge quiere _____

_____.

2. Luis quiere que Jorge _____

_____.

3. Leticia quiere que su pololo _____

_____.

4. Los padres de Luis quieren que Jorge _____.

_____.

E. Mis deseos, sus deseos. Complete las siguientes oraciones según los deseos de usted, su familia y sus amigos.

Ejemplos: Yo quiero hablar español muy bien. _____

Mi papá quiere vivir en otra casa. _____

Mi mejor amiga quiere encontrar un buen trabajo.

1. Yo quiero _____

_____.

2. Mi papá (mamá) quiere _____

_____.

3. Mi hermano (hermana) quiere _____

_____.

4. Mi mejor amigo quiere _____

_____.

5. Mi mejor amiga quiere _____

_____.

Present Subjunctive Following Other Verbs of Volition

F. En la playa de Reñaca. Escriba las siguientes oraciones, usando el indicativo o el subjuntivo apropiadamente.

Ejemplo: Luis / desear nadar
Luis / preferir que Jorge / lo acompañar

Luis desea nadar.

Luis prefiere que Jorge lo acompañe.

1. Luis / desear / hacer esnórquel
   Él / preferir que Jorge lo / hacer también

   _____

   _____

   _____

2. Jorge / preferir nadar con Luis más tarde
   Pero Luis / insistir en que ellos / nadar en este momento

   _____

   _____

   _____

3. Los padres de Jorge le / permitir ir a Viña del Mar
   Ellos / desear que su hijo / divertirse mucho allí

   _____

   _____

   _____

4. Ceci / recomendar ponerse crema bronceadora cuando hace sol
   Ella les / aconsejar a sus amigos que / ponerse dos aplicaciones

   _____

   _____

   _____

5. Magály / desear aprender a pasear en velero
   Ella le / pedir a un amigo que le / enseñar

   _____

   _____

   _____

G. Un joven enamorado. Jorge está escribiéndole una carta a su polola, Leticia. Complete su carta usando apropiadamente el indicativo o el subjuntivo de los verbos entre paréntesis.

> Viña del Mar, 13 de febrero
>
> Mi querida Leticia,
>
> No he recibido ninguna carta de ti desde hace una semana. Ahora te (escribir)
>
> _____ por tercera vez. Deseo (recibir) _____
>
> una carta tuya pronto porque tú (saber) _____ que te (querer)
>
> _____ mucho, Leticia. Sugiero que me (llamar)
>
> _____ por teléfono o, si (preferir) _____, me
>
> puedes (escribir) _____ una tarjeta postal. Luis me recomienda
>
> que [yo] te (mandar) _____ un telegrama, pero no lo quiero (hacer)
>
> _____ porque eso (ser) _____ muy imperso-
>
> nal. Te quiero (dar) _____ un beso grande. Quiero que me (escribir)
>
> _____ pronto,
>
> _Jorge_

H. ¡Otra chica! En Viña, Luis conoció a Marcela, una chica argentina. Para saber lo que dicen ellos, complete las siguientes conversaciones lógicamente, usando las frases de la lista. Cambie los verbos apropiadamente, según el contexto.

broncearse tanto	tomar una cerveza
pasear en velero	ponerse más crema
dormir la siesta	nadar en ese lugar
ir a la playa	almorzar en un café
ir al Bar Soleado	

1. LUIS: Estoy bronceado. ¿Por qué no tomas más sol, Marcela?

   MARCELA: Porque mi médico recomienda que [yo] no _____.

2. MARCELA: Hay otra playa por aquí que se llama Con-Cón. Dicen que es un lugar muy bonito y

   tranquilo. ¿Vamos?

LUIS: ¡Por Dios, no! Se prohibe que la gente _____.

MARCELA: Ay, ¡qué exageración, Luis!

3. MARCELA: Hace tanto calor hoy, Luis. Ahora tengo mucha sed.

LUIS: Sugiero que [nosotros] _____ y que

_____.

4. LUIS: ¿Tienes hambre?

MARCELA: Sí. Prefiero que [nosotros] _____.

LUIS: Bueno, vamos.

5. LUIS: ¿Quieres pasear en velero después del almuerzo?

MARCELA: No, estoy cansada. Sugiero que tú _____ y que yo

_____.

6. MARCELA: El sol está muy fuerte hoy.

LUIS: Sí. Te aconsejo que _____ y que [nosotros]

_____ en media hora.

I. Conflictos. Complete las siguientes oraciones personales.

Ejemplo: Mis padres recomiendan que [yo] _no me case ahora._

1. Mis padres recomiendan que [yo] _____, pero yo no quiero

_____.

2. Mi papá me prohibe que _____, y mi mamá nunca me

permite _____.

3. Mi profesor(a) de español insiste en _____ , pero yo prefiero que

él (ella) _____.

4. Mi mejor amigo(a) desea _____ , pero yo le aconsejo que

_____.

5. Finalmente, yo quiero _____, pero nadie

_____.

J. Situaciones. Lea cada situación, luego escriba una recomendación o una sugerencia apropiada.

Ejemplo: Usted y sus dos amigas llegan a una playa bonita donde van a tomar el sol y nadar un poco. Ninguna de sus amigas trajo crema bronceadora y el sol está bastante fuerte hoy. ¿Qué les sugiere usted?

Sugiero que ellas usen mi crema bronceadora.

O: _Sugiero que ellas compren crema bronceadora en una tienda._

1. Una compañera de clase va a ir de vacaciones a Cancún, México con la familia de su novio. Desafortunadamente, todos saben nadar con la excepción de ella. Ellos van a salir en dos meses. Su compañera le pide unos consejos a usted.

   _____

   _____

   _____

2. Una de sus compañeras de clase quiere estudiar en Costa Rica el próximo verano. El problema es que no ha ahorrado suficiente dinero y necesita mil dólares más. Ahora su compañero trabaja solamente cuatro horas al día porque tiene tres clases. ¿Qué le sugiere usted?

   _____

   _____

   _____

3. Su amigo cubano-americano quiere acompañarles a usted y a su familia a un lago este fin de semana. El problema es que él tiene que trabajar el viernes por la noche y su familia va a salir para el lago a las cuatro de la tarde ese día. El lago está más o menos a cien kilómetros de su casa. ¿Qué le recomienda usted a su amigo?

   _____

   _____

   _____

4. Usted acaba de recibir una carta de su amiga chilena. Ella quiere venir a visitarlo(la) en febrero cuando está de vacaciones. El problema es que usted tiene clases ese mes. ¿Qué le va a sugerir a su amiga para no ofenderla?

   _____

   _____

   _____

AUTOPRUEBA

Vocabulario

A. En el balneario. Empareje lógicamente las siguientes descripciones.

1. nadar debajo del agua con tubo
2. nadar debajo del agua con tanque
3. "esquiar" en el agua con una tabla
4. navegar en bote de vela en el mar
5. descansar tranquilamente en la playa

   a. bucear   _____
   b. tomar el sol   _____
   c. correr las olas   _____
   d. hacer esnórquel _____
   e. pasear en velero _____

B. En el campo. Empareje lógicamente las siguientes descripciones.

1. comer al aire libre
2. cocinar carne al aire libre
3. dormir debajo de las estrellas
4. navegar por los ríos en bote

   a. acampar   _____
   b. hacer un picnic _____
   c. pasear en canoa _____
   d. hacer una parrillada _____

Gramática

A. Entre pololos. Complete la siguiente tarjeta postal que Jorge le escribió a su polo-la Leticia. Use el presente del subjuntivo de los verbos apropiados de la lista.

salir	llamar	escribir	divertirse
soñar	pensar	recordar	enamorarse

Querida Leticia...

Gracias por tu carta. También he pensado mucho en ti.

Quiero que me _____ más cartas y

que me _____ por teléfono a veces.

Quiero que _____ en Santiago con

tus amigos, pero que no _____ sola

con ningún chico. Tampoco quiero que

_____ de otro hombre. Tú sabes que

te quiero mucho. Quiero que _____

solamente en mí, que me _____

todos los días y que _____ conmigo

por la noche. Con mucho cariño, *Jorge*

B. Entre amigos. Complete la siguiente conversación, usando apropiadamente el infinitivo o el subjuntivo de los verbos entre paréntesis.

LUIS: Tengo sed. Quiero (tomar) _____ una cerveza bien fría. Sugiero que nosotros

(ir) _____ al Bar Coyote. ¿Me quieres (acompañar) _____,

Jorge?

JORGE: No. Prefiero que tú y yo (volver) _____ al Café Sol y mar. Mis padres no me

permiten que yo (tomar) _____ en el Coyote. Dicen que hay gente mala allí.

LUIS: Pues, recomiendo que no les (decir) _____ nada a tus padres. Vamos, Jorge.

Quiero (conocer) _____ el Bar Coyote.

JORGE: Te aconsejo que tú (ir) _____ solo al Bar Coyote y que yo (volver)

_____ al Café Sol y mar. ¿Qué te parece?

LUIS: No, hombre. Prefiero que nosotros (comprar) _____ algunas cervezas en el

supermercado al otro lado de la calle y que las (tomar) _____ aquí en la playa.

JORGE: ¡Buena idea, Luis! Quiero (ir) _____ al supermercado ahora.

Cultura

Lea cada oración, luego indique si es verdadera (**Sí**) o falsa (**No**).

1. Viña del Mar es la ciudad balnearia más famosa de Chile. _____

2. La ciudad de Viña es muy vieja. Cristóbal Colón la fundó hace muchos siglos. _____

3. En Viña del Mar se ven bellos jardines y altos edificios con balcones abiertos al mar. _____

4. Viña tiene muchos restaurantes, bares, fuentes de soda, cafés, confiterías, heladerías y salones de té. _____

ANSWERS TO AUTOPRUEBA

Vocabulario

A. En el balneario

1. d
2. a
3. c
4. e
5. b

B. En el campo

1. b
2. d
3. a
4. c

Gramática

A. Entre pololos

escribas, llames, te diviertas, salgas, te enamores, pienses, recuerdes, sueñes

B. Entre amigos

tomar, vayamos, acompañar, volvamos, tome, digas, conocer, vayas, vuelva, compremos, tomemos, ir

Cultura

1. Sí   2. No   3. Sí   4. Sí

Actividades y ejercicios orales

EN CONTEXTO

Vacaciones en Viña del Mar. Escuche la narración y decida cuándo ocurrió la acción en cada dibujo. Ponga números al lado de los dibujos para indicar el orden correcto de las acciones. Hay dos dibujos que no corresponden a la narración.

> **Hint:** Before listening to the tape, describe each drawing in Spanish. Which events do you think happened first?

_____

_____

_____

_____

_____

_____

_____

VOCABULARIO ÚTIL

A. Acampar en Sausalito. Escuche el siguiente anuncio sobre Sausalito, un lugar famoso para acampar. Marque con un círculo las actividades y los lugares que se mencionan.

pasear en canoa   bar
hacer un picnic   restaurante
pescar en un lago   supermercado
hacer una parrillada   plazas
caminar en las montañas   baños privados
acampar al lado del río   cafetería
servicio de autobuses   servicio médico
heladería   centro comercial
piscina para niños   montar en bicicleta

B. De vacaciones. Usted va a escuchar cinco descripciones de las actividades que se pueden hacer durante las vacaciones. Escriba el número de la descripción debajo del dibujo.

Hint: Look over the pictures before completing this activity. Not all of the pictures are used.

_____   _____

C. Un día en el balneario. Escuche la converscíón entre Jorge y sus tíos, Evelyn y José Grandinetti. Llene la información que falta.

—Oye, tío, ¿qué vamos a hacer hoy en la playa?

—Quiero _____ y descansar.

—Y yo quiero que camines conmigo al lado del agua.

—Tía, tengo una _____. ¿Quieres jugar al vólibol conmigo?

—Hoy no, Jorge. Estoy un poco cansada. Prefiero _____ hoy.

—Cuando era más joven, a tu tía le gustaba _____ y _____

conmigo.

—Bueno, pues. Voy a _____ hoy.

—Bien. Sugiero que los tres _____.

—Buena idea. Jorge, vamos a preparar unos sándwiches.

—Muy bien, tía.

D. Lisa y Carolina. Lisa y Carolina, dos amigas de Luis, van a la playa. Escuche su conversación y luego decida si la frase es una que diría (*would say*) **Carolina, Lisa** o **las dos.**

⌐┘ **Hint:** This exercise will be easier if you take notes before answering the questions.

1. Carolina   Lisa   Las dos
2. Carolina   Lisa   Las dos
3. Carolina   Lisa   Las dos
4. Carolina   Lisa   Las dos
5. Carolina   Lisa   Las dos
6. Carolina   Lisa   Las dos

GRAMÁTICA FUNCIONAL

A. ¡De vacaciones! Usted va a oír tres preguntas sobre cada dibujo. Contéstelas en una oración completa durante la pausa. Después, va a oír una posible respuesta.

> **Hint:** You may find it helpful to consult the *En contexto* and *Vocabulario útil* sections of this lesson in your textbook before answering the questions.

B. Los planes de Luis y Jorge. Escuche la conversación entre Luis y Jorge un día antes de salir de vacaciones. Escriba brevemente lo que cada uno quiere hacer cuando lleguen a Viña del Mar.

> **Hint:** When writing a list of things to do, you will normally use the infinitive form of the verb. For example: *Vamos a la playa = Ir a la playa.*

Jorge	Luis
_____	_____
_____	_____
_____	_____
_____	_____
_____	_____

_____   _____

_____   _____

C. En un hotel. Imagínese que usted trabaja en un hotel en Viña del Mar. Escuche los comentarios y preferencias de los huéspedes (*guests*) y deles algunos consejos basados en la lista de lugares de interés. Comience cada consejo con el verbo indicado y use el subjuntivo.

> **Hint:** Remember that you would use *usted* or *ustedes* if you were a clerk addressing hotel guests.

Ejemplo: A mi esposa y a mí no nos gusta la playa. Queremos visitar algunos lugares históricos.

> *Sugiero que visiten Valparaíso. Está a 20 minutos de Viña del Mar.*

Lugares de interés

La ciudad de Valparaíso (a 20 minutos de distancia)

El Museo de Bellas Artes en Valparaíso

La Universidad Católica de Valparaíso

La Biblioteca Nacional de Severín

El Museo Marítimo en Viña del Mar

El palacio de verano del presidente de Chile

El Faro (*Lighthouse*) de Punta [el primer faro en la costa oeste de Sudamérica]

El parque público de Quinta Vergara

La iglesia antigua de San José

1. Sugiero... _____

    _____

2. Recomiendo... _____

    _____

3. Aconsejo... _____

    _____

4. Sugiero _____

    _____

5. Recomiendo... _____

    _____

D. Los problemas de Rona. Rona, la hermana menor de Luis, tiene algunos problemas que va a explicarle a usted. Después de escuchar cada problema, conteste su pregunta lógicamente con un consejo.

Ejemplo: Mis padres insisten en que yo vuelva a casa a las diez. ¿Qué debo hacer?

Aconsejo que escuches a tus padres y que vuelvas a las diez.

1. _____

2. _____

3. _____

4. _____

5. _____

LECCIÓN 14

Veamos el Festival de la Canción

Actividades y ejercicios escritos

EN CONTEXTO

¡Qué sorpresa!

Lea la sección *En contexto* en la página 339 de su libro de texto. Luego, basado en lo que usted leyó, conteste las siguientes preguntas.

1. ¿Dónde están Luis y Jorge ahora?

   _____

   _____

2. ¿Qué están haciendo ellos en la sala?

   _____

   _____

3. ¿Qué programa querían ver Luis y su amigo Jorge?

   _____

   _____

4. ¿Cómo se llama la reina del Festival de la Canción?

   _____

   _____

5. ¿Dónde la conocieron?

   _____

   _____

VOCABULARIO ÚTIL

A. Teleprogramas. Lea cada descripción, luego identifique el tipo de programa o película que van a poner en la televisión.

Ejemplo: La periodista Carmen Rico Godoy preparará en el estudio-cocina alguna de sus recetas preferidas.

Programa educativo

1. En un futuro próximo, la gran astronave comercial "Nostromo" se dirige a la Tierra tras una larga ausencia, transportando un cargamento de minerales extraterrestres.

2. Desde llegar a convertirse en la estrella de un circo, hasta dedicarse a gondolero en Venecia, el oso Yogui y sus amigos, Bu-Bu y Cindy, viven sus aventuras en el parque Jellystone.

3. La misma noche en que es encontrada una nueva víctima de Jack, el Destripador, un hombre alquila una habitación en casa de los señores Burton.

4. Transmisión de un partido de balonmano entre la selección junior española, actual subcampeona del mundo, y su homóloga danesa.

5. Está científicamente comprobado que el hombre alcanza la plenitud física a los veinte años, que se mantiene en buena forma durante una década y que a los treinta años comienza el declive físico.

6. El meteorólogo José Antonio Maldonado ofrece la predicción del tiempo para las próximas horas, tanto en nuestro país como en el resto de Europa.

7. El coronel Thursday llega a Fort Apache para hacerse cargo del mando. Fort Apache es un puesto avanzado en la frontera de Arizona, cuyos oficiales y soldados están muy curtidos en las luchas contra los indios.

B. Telemundo. Complete la siguiente tabla con los nombres de sus programas favoritos tanto como el canal, el día y la hora que los ponen.

TIPO DE PROGRAMA	NOMBRE DEL PROGRAMA	CANAL	DÍA	HORA
Dibujos animados	"Simpsons"	10	sábado	8:00
Noticias				
Telenovela				
Dibujos animados				
Programa deportivo				
Programa de concursos				
Programa de entrevistas				

C. Programas y películas interesantes. Complete las siguientes oraciones con títulos apropiados, según sus opiniones.

1. El documental "_____" es muy interesante.

2. Creo que el dibujo animado "_____" es muy cómico.

3. Vi un drama maravilloso que se llama "_____".

4. He visto una comedia excelente; se llama "_____".

5. Una película de intriga que me gusta mucho es "_____".

6. A veces, miro "_____"; es un programa de entrevistas.

D. Mi programa favorito. De los seis programas en su lista del Ejercicio B, ¿cuál es su preferido y por qué? Exprese su opinión en un párrafo.

Ejemplo: Mi programa favorito de televisión es el "Wide World of Sports"; que

se presenta en el canal 15 a las tres de la tarde todos los domingos.

Me gusta ese programa deportivo porque...

_____

_____

_____

_____

_____

_____

E. Sus gustos de películas. Conteste las siguientes preguntas en oraciones completas.

1. ¿Qué tipo de películas le gusta mucho a usted?

   _____

2. ¿Por qué le gusta tanto ese tipo de películas?

   _____

3. ¿Cómo se llama una película de ese tipo que le gustó mucho?

   _____

4. ¿Qué tipo de películas no le gusta nada a usted?

   _____

5. ¿Por qué no le gusta ese tipo de películas?

   _____

6. ¿Cómo se llama una película de ese tipo que no le gustó nada?

   _____

F. El pronóstico para mañana. Imagínese que usted trabaja para una compañía de televisión, que televisa en inglés y español. Escriba en español el pronóstico del tiempo para mañana en su región.

_____

_____

_____

_____

_____

_____

Atajo

Functions:	Describing weather; talking about the present; talking about the recent past
Vocabulary:	Calendar; continents; countries; months; seasons; time of day

GRAMÁTICA FUNCIONAL

Present Subjunctive Following Verbs of Emotion and Impersonal Expressions

A. Dos jóvenes, diferentes sueños. Ahora Luis y Jorge están durmiendo en casa. Luis está soñando con Mercedes, una chica que conoció en Viña, y Jorge está soñando con los deportes. Complete las siguientes oraciones para aprender un poco más sobre sus sueños. Use verbos apropiados de las listas.

ver	salir	acordarse
venir	conocer	escribir

1. LUIS: Ojalá [yo] __*vea*__ a Mercedes otra vez. Ojalá ella _____ de mí. Ojalá

   Mercedes me _____ una carta. Ojalá ella _____ a

   Santiago. Ojalá ella y yo nos _____ mejor. Ojalá

   _____ conmigo algún día.

tener	haber	aprender
jugar	olvidar	divertirse

2. JORGE: Ojalá Luis, Ceci, Magály y yo _____ vólibol mañana. Ojalá Ceci no

   _____ su pelota. Ojalá [nosotros] _____ mucho en

   la playa. Ojalá [yo] _____ a esquiar sobre el agua algún día. Ojalá yo

   _____ más músculos. Ojalá _____ un buen programa

   deportivo en la tele.

B. Madre e hija. Rona está hablando con su mamá en la cocina. Complete su conversación, usando la forma apropiada de los siguientes verbos.

ir	dejar	pasar	gustar
ser	haber	mirar	aprender

RONA: Mamá, es ridículo que Luis _____ a mirar el Festival otra vez esta noche.

MAMÁ: Pues, no me sorprende que le _____ tanto el Festival porque a tu hermano

le gusta mucho la música, Rona.

RONA: Sí, pero es importante _____ diferentes cosas de la tele, mamá. Ojalá Luis

me _____ mirar mi programa de concursos mañana por la noche.

MAMÁ: Es una lástima que ustedes _____ tantas horas mirando la tele, mi hija. Me

molesta que _____ tanta violencia, tantos crímenes, tantas…

RONA: Mamá, siempre te preocupas de que nosotros _____ esos programas, pero

realmente _____ muy aburridos.

C. Descripciones. Describa cómo se sienten las siguientes personas.

1. a. ¿Qué le sorprende a Rona?

    _____

    b. ¿Qué va a hacer ella?

    _____

    c. ¿Qué prefiere su hermano Luis? ¿Por qué?

    _____

    _____

2. a. ¿De qué se alegra el hombre?

    _____

    b. ¿Qué espera María Cristina?

    _____

    c. ¿De qué se preocupa ella?

    _____

D. Y usted, ¿qué cree? Luis, Rona y Jorge van a expresar algunas de sus opiniones. Complete las siguientes oraciones según la opinión de usted.

Ejemplo: LUIS: Es bueno que muchos estadounidenses estudien español. ¿Qué crees tú?
~~USTED: Creo que es (lógico / raro) (que)... .~~

Creo que es lógico que <u>muchos estadounidenses aprendan español</u>

<u>porque muchos hispanos viven en mi país.</u>

RONA: Ojalá que los Estados Unidos tenga una mujer como presidenta. ¿Qué te parece?

USTED: Me parece que es (im)posible (que) _____

_____ .

LUIS: No sé por qué más estudiantes de tu país no estudian en Chile. ¿Qué crees tú?

USTED: Creo que es (no es) lógico (que) _____

_____ .

JORGE: No comprendo por qué tantos estadounidenses tienen hambre. ¿Cuál es tu opinión?

USTED: En mi opinión, es (no es) una lástima (que) _____

_____ .

RONA: Es ridículo que muchos jóvenes tomen drogas hoy día. ¿Qué piensas tú?

USTED: Personalmente, creo que es (bueno / malo) (que) _____

_____ .

JORGE: En mi opinión, los niños en todos los países deben aprender otra lengua. ¿Qué crees tú?

USTED: Creo que es (no es) necesario (que) _____

_____ .

E. Los pobres. Complete las siguientes oraciones para expresar su compasión por la gente pobre del mundo. Para expresar una idea negativa, usted puede usar la palabra **no** antes del verbo.

Ejemplo: Me molesta que muchos pobres (no)... .

<u>Me molesta que muchos pobres tengan poca comida.</u>

O: <u>Me molesta que muchos pobres no vivan muchos años.</u>

1. Cuando veo a una persona pobre en la calle, siento que no _____

_____

2. Me molesta que la gente pobre (no)_____

_____ .

3. Espero que algún día la gente rica (no) _____

   _____.

4. Para ayudar a los pobres, me alegro que los líderes de mi país (no)_____

   _____.

5. Me preocupo de que la gente pobre (no)_____

   _____.

F. ¿Qué opina usted? Exprese su opinión sobre las siguientes ideas.

Ejemplo: Hay mucha violencia en la televisión.

> No me molesta que haya mucha violencia en la tele porque creo
>
> que la violencia es parte de nuestra sociedad.

Me molesta que… / No me molesta que…

1. Los niños pequeños miran mucho la televisión. _____

   _____

2. Hay muchos programas violentos en la televisión. _____

   _____

3. Se ponen pocas noticias buenas en la televisión. _____

   _____

4. No se permite ninguna palabra mala en la televisión. _____

   _____

5. Muchas personas nunca ven las noticias en la televisión. _____

   _____

6. Hay muchos anuncios comerciales aburridos en la televisión. _____

   _____

Present Subjunctive Following Verbs and Expressions of Uncertainty

G. Dos pololos. Complete las siguientes conversaciones entre Jorge y su polola Leticia, como en el ejemplo. Use el indicativo o el subjuntivo apropiadamente.

Ejemplo: LETICIA: [yo] No creer que Luis / ir a casarse.
    JORGE: ¿Cómo? Yo / estar seguro que / casarse algún día.

LETICIA: No creo que Luis vaya a casarse. _____

JORGE: ¿Cómo? Yo estoy seguro que se casa algún día. _____

1. LETICIA: ¿No creer [tú] que Luis / ser inmaduro, a veces?

   _____

   JORGE: Sí, pero [yo] creer que / ir a cambiar.

   _____

   LETICIA: [yo] No estar segura que Luis / ir a cambiar. Sé que todavía no / tener polola.

   _____

   JORGE: Pero no hay duda que Luis / tener muchas amigas; por ejemplo: Alicia, Inés, Gabriela,

   Ceci….

   _____

2. JORGE: [yo] Estar seguro que Rona todavía / estar enojada con Luis.

   _____

   LETICIA: No, Jorge. [yo] Creer que ella / sentirse mejor ahora.

   _____

   JORGE: Pero / no hay duda que ella lo / querer mucho.

   _____

3. JORGE: ¿Creer (tú) que todo el mundo / saber del Festival de la Canción?

   _____

   LETICIA: [yo] No / creer que todos / saber del Festival porque la gente lo / ver en solamente vein-

   tidós países (naciones)

   _____

4. JORGE: creer (tú) que nosotros / ir al Festival el próximo año

   _____

   LETICIA: [yo] dudar que yo / poder ir porque [yo] no / tener suficiente dinero, Jorge

   _____

   JORGE: yo no / creer que [yo] / ir a tener el dinero tampoco, pero me gustaría ir contigo

   _____

5.   JORGE: sin duda, el Festival / ser el mejor evento de Chile

_____

   LETICIA: es posible, pero yo / creer que / haber otros eventos más interesantes

_____

H. Hablando de festivales...
Complete la siguiente conversación, usando apropiadamente el indicativo y el subjuntivo de los verbos en la lista.

ir	vivir	invitar
venir	haber	escribir
tener	mandar	ser (2 veces)

JORGE: No hay ningún festival que _____ igual que el Festival de la Canción, ¿verdad?

LUIS: No sé. El Festival _____ excelente, pero es posible que

_____ otro en Europa.

JORGE: Algún día quiero ir al Festival de Jazz que los europeos _____ en

Montreux, Suiza. Leticia me dijo que la gente _____ de todas partes del

mundo para verlo.

LUIS: Conozco a alguien que _____ a aquel festival el próximo año. Se llama

Mireille Blanc y _____ en Lausanne, Suiza. Ojalá me

_____ una tarjeta postal de Suiza porque siempre me

_____ cuando va de vacaciones.

JORGE: ¡Ojalá ella te _____ a Suiza algún día!

I. ¿Lo duda usted o no?
Primero, lea cada oración. Luego, escriba su reacción, comenzando con una de las siguientes expresiones.

Creo que...	Estoy seguro(a) que...
No creo que...	No estoy seguro(a) que...

Ejemplo: Rona nunca se enoja con Luis.

   No creo que Rona nunca se enoje con Luis.

1. Rona tiene un televisor a color.

_____

2. El Festival de la Canción es en julio.

_____

3. Luis y Jorge nunca se divierten juntos.

_____

4. María Cristina puede cantar muy bien.

_____

5. La gente aprende mucho mirando el Festival.

_____

6. A Jorge no le gustan los deportes.

_____

J. Más opiniones. Exprese las opiniones de las siguientes personas. Use el indicativo o el subjuntivo apropiadamente.

Ejemplo: RONA: Creo que el Festival _____ *es* _____ aburrido.

LUIS: No creo que María Cristina _____.

   Pero estoy seguro que ella _____.

RONA: Creo que mi hermano Luis _____.

   Dudo que él _____.

JORGE: Es dudoso que Luis y yo _____.

   Pero estoy seguro que Leticia y yo_____.

USTED: Creo que Luis y Rona _____.

   Pero no estoy seguro(a) que ellos _____.

K. ¿Y usted? Exprese sus ideas sobre cosas de que usted está seguro(a) y sobre cosas que son más inciertas.

Ejemplos: (mis estudios)

   Estoy seguro que voy a estudiar español un año más.

   Dudo que yo vaya a tomar más clases de historia.

Mis estudios:

_____

_____

Mi salud:

_____

_____

Mi dinero:

_____

_____

Mi familia:

_____

_____

Mis amigos:

_____

_____

Mi trabajo:

_____

_____

Mis vacaciones:

_____

_____

AUTOPRUEBA

Vocabulario

Las películas y los programas. Empareje los nombres de las personas con el tipo de programa o película que se asocia con ellos.

1.	Carl Lewis	a.	un drama	_____
2.	Dan Rather	b.	una comedia	_____
3.	Bugs Bunny	c.	las noticias	_____
4.	John Wayne	d.	un dibujo animado	_____
5.	Steve Martin	e.	un programa deportivo	_____

6. Vanna White   f. una película del oeste   _____

7. John Travolta   g. un programa de concursos   _____

8. Dave Letterman   h. un programa de entrevistas   _____

9. Steven Spielberg   i. una película de ciencia ficción   _____

Gramática

A. Entre amigos. Complete la siguiente conversación, usando apropiadamente el infinitivo o el subjuntivo de los verbos entre paréntesis.

JORGE: Me alegro de (estar) _____ en Santiago otra vez. Me gusta (poder)

_____ salir con Leticia frecuentemente.

LUIS: Sí, te comprendo, Jorge. Es bueno (tener) _____ una polola, ¿verdad?

JORGE: Claro que sí. Me sorprende que tú no (tener) _____ una, Luis. Es una lástima

que (estar) _____ solo.

LUIS: ¿Cómo? Es ridículo que tú (decir) _____ eso. No estoy solo… tengo muchos

amigos y muchas amigas.

JORGE: Sí, ya lo sé, pero es importante (tener) _____ una persona especial, ¿no crees?

LUIS: Pues, sí. Es posible que yo (encontrar) _____ una polola pronto.

B. Hablando de Rona. Complete la siguiente conversación, usando apropiadamente el indicativo o el subjuntivo de los verbos de la lista.

ir   estar   cambiar
ser   pensar   apreciar

JORGE: Creo que el Festival _____ un evento maravilloso.

LUIS: Sí, no hay duda que mucha gente _____ eso, Jorge.

JORGE: Pero dudo que tu hermana Rona _____ de acuerdo contigo.

LUIS: Pues, no. No creo que ella _____ la cultura chilena.

JORGE: ¿Quién sabe? Estoy seguro que Rona _____ a cambiar, ¿no crees?

LUIS: No sé, pero es dudoso que ella _____ muy pronto.

Cultura

Lea cada oración, luego indique si es verdadera (**Sí**) o falsa (**No**).

1. El Festival de la Canción de Viña del Mar es un evento internacional. _____

2. Para ver el Festival es necesario ir en persona a Viña del Mar. _____

3. La música latinoamericana ha tenido tres influencias principales: la española, la mexicana y la norteamericana. _____

4. Cada región o país en Latinoamérica tiene sus características distintas en la música y las danzas. _____

ANSWERS TO AUTOPRUEBA

Vocabulario

Las películas y los programas

1. e	4. f	7. a
2. c	5. b	8. h
3. d	6. g	9. i

Gramática

A. Entre amigos

estar, poder, tener, tengas, estés, digas, tener, encuentre

B. Hablando de Rona

es, piensa, esté, aprecie, va, cambie

Cultura

1. Sí 2. No 3. No 4. Sí

Actividades y ejercicios orales

EN CONTEXTO

El Festival de la Canción. Usted va a oír una narración y algunas conversaciones. Escuche y complete el siguiente esquema.

> **Hint:** Listen to the dialogue once to get the main ideas. Listen a second time, focusing on the information requested here.

Mes:	
Hora:	
Canal:	Programa: Festival de la Canción
Canal:	Programa: Concursos
Lugar del Festival:	
Ganadora del Festival:	
¿Por qué reconoce Luis a la ganadora?	

VOCABULARIO ÚTIL

A. Vamos al cine. Escuche la conversación entre Jorge y Luis mientras discuten tres películas diferentes. Indique el país de la película, la hora que la ponen y la categoría de película que es, si la mencionan.

Ejemplo: LUIS: Vamos a ver "El profesor loco". Es una película estadounidense. Es una comedia.
JORGE: ¿Cuándo se da?
LUIS: Es a las siete en el Cine Mundo.
JORGE: Sí. Vamos.

Usted escribe: Hora: Las siete _____

País: Los Estados Unidos _____

Categoría: Comedia _____

Película 1:	**Película 2:**	**Película 3:**
Hora: _____	Hora: _____	Hora: _____
País: _____	País: _____	País: _____
Categoría: _____	Categoría: _____	Categoría: _____

B. La antena parabólica (televisión por satélite). Rona está visitando a una de sus amigas que vive con su familia en un apartamento. Este apartamento tiene una antena parabólica. Escuche la conversación y escriba al lado del programa a qué hora comienza y su país de origen.

⌐ **Hint:** Many apartment complexes now provide access to worldwide TV viewing through the installation of satellite dishes on the rooftops. Before listening to the conversation, look at the different types of television programs listed. Who would you expect to watch each program? When would you expect different programs to air? Where might each type of program originate?

PROGRAMA	HORA	PAÍS
Noticias		
Programa de deportes		
Programa de videos rock		
Telenovela		
Dibujos animados		

C. ¿Qué hay en la tele? Jorge y Luis están cansados de estudiar y han decidido mirar la tele. Escuche la conversación sobre la programación y marque con un círculo los programas que van a ver.

"Evita"   "Manuela"   "Urgencias"

"¡Qué gente tan divertida!" "Telenoticias"   fútbol

"Los piratas de Malasia"   "Queridos padres"   "Vivan los novios"

GRAMÁTICA FUNCIONAL

A. ¿Cuál es su opinión? Usted va a oír seis oraciones. Después de escuchar cada oración dos veces, indique si usted **está de acuerdo (Sí), no está de acuerdo (No)**, o si **depende de las circunstancias (Depende).** Marque su respuesta con un círculo.

1. Sí   No   Depende

2. Sí   No   Depende

3. Sí   No   Depende

4. Sí   No   Depende

5. Sí   No   Depende

6. Sí   No   Depende

B. Los consejos de un hermano. Luis está dando consejos a su hermana Rona.
Escuche sus comentarios y añada las palabras apropiadas.

Mira, Rona, es importante que _____ más. Tus padres _____ que

recibas mejores notas y yo creo que lo _____ hacer. Es verdad que _____ muy

inteligente pero dudo que _____ la tarea con interés y disciplina. Es _____

que trabajes en casa cada noche. Recomiendo que _____ menos con tus smigos y que

_____ menos televisión.

C. Las preocupaciones de los padres. Luis y sus padres están hablando de sus
preocupaciones sobre Rona. Escuche lo que dicen los padres y luego diga lo que Luis les
contesta, usando las frases indicadas.

⌐ **Hint:** Before listening to the parents' comments, imagine how your parents might
have completed each of the sentences given, in reference to you and your
high-school years. As you listen to the tape, play the role of Luis and respond
during the pause provided. You will hear an appropriate answer after the
pause.

Ejemplo: A Rona no le gusta estudiar mucho. No sé si va a salir bien este año.
Espero que…

LUIS: <u>Espero que salga bien.</u>

1. Me molesta que…

2. Espero que…

3. Dudo que…

4. Es triste que…

5. Me alegro de que…

D. En la universidad. Usted va a oir cinco frases impersonales que explican cómo
estudiar. Cambie cada frase para referirse a si mismo(a).

Ejemplo: Es importante estudiar todos los días.

<u>Es importante que yo estudie todos los días.</u>

1. _____

2. _____

3. _____

4. _____

5. _____

E. ¿Qué le parece a usted? Usted va a oír cinco preguntas. Conteste cada pregunta con una oración completa y escríbala abajo.

> **Hint:** After responding to each sentence, add a short phrase or two that explains your opinion.

1. _____

   _____

2. _____

   _____

3. _____

   _____

4. _____

   _____

5. _____

   _____

LECCIÓN

15

¿Quieres ir al matrimonio conmigo?

Actividades y ejercicios escritos

EN CONTEXTO

La boda

Lea la sección *En contexto* en la página 360 de su libro de texto. Luego, basado en lo que usted leyó, responda a las siguientes oraciones con **Sí** o **No.**

1. Jorge invitó a Leticia a la boda de Gregorio.   _____

2. Luis decidió asistir a la ceremonia religiosa.   _____

3. El matrimonio tuvo lugar en el otoño en Chile.   _____

4. Los dos novios tuvieron unos problemas ese día.   _____

5. La ceremonia religiosa salió bastante bien.   _____

6. Después, todos los invitados fueron a comer.   _____

7. La orquesta tocó música clásica durante la fiesta.   _____

8. Gregorio agarró el ramo de flores que tiró su novia.   _____

VOCABULARIO ÚTIL

A. Una invitación. Escriba una invitación de boda para dos personas que van a casarse. Al lado izquierdo escriba los nombres de los padres de la novia, y al lado derecho escriba los nombres de los padres del novio.

B. Entre novios. Complete la siguiente conversación, usando palabras apropiadas de la lista.

amor	cariño	amistad	me enamoré
cita	propuesta	noviazgo	nos llevamos

—¿Recuerdas cuándo comenzó nuestra _____, Gregorio?

—Claro, María Cristina. Nos conocimos en la playa de Reñaca.

—Para mí, fue el _____ a primera vista.

—Para mí también. _____ de ti en un instante.

—Ay, tenía mucho _____ por ti, mi amor.

—Oye, ¿recuerdas nuestra primera _____?

—Claro, Gregorio. Me invitaste al cine, luego a comer.

—_____ bien, ¿verdad?

—Sí. Y al poco tiempo me hiciste una _____ de matrimonio.

Nombre _____ Fecha _____

—Nuestro _____ fue tan corto, ¿no crees, María Cristina?

—Claro que sí, querido. Pero fue tan romántico.

C. Así se hace en Chile. Complete los siguientes párrafos, usando palabras y frases apropiadas de la lista.

tira	novia	banquete	tiran arroz
boda	casarse	orquesta	luna de miel
amor	brindis	invitados	recién casados
agarra	se besan	recepción	ramo de flores
novio	aplauden	matrimonio	torta nupcial

El _____ y la _____ están comprometidos cuando

deciden _____. Después, tienen muchas preparaciones para el día de la

_____ o el _____, como dicen los chilenos.

Cuando llega ese día, la novia se viste de blanco y lleva un _____, que con-

siste generalmente en rosas rojas, símbolo del _____. El novio lleva un traje ele-

gante. Si los novios son cristianos, se casan en una iglesia. Cuando el padre o el ministro les dice "Vosotros

sois hombre y mujer", los novios _____ y salen de la iglesia mientras sus padres y

amigos los _____ y sacan fotos de ellos.

Después, ellos van a una _____ en honor de los

_____. Cuando llegan los dos, los _____ siempre les

_____ y algún pariente o amigo les hace un _____.

Entonces, comienza un _____ elegante y mientras todos comen, la

_____ toca música moderna y tradicional.

Finalmente, todos se divierten mucho bailando y charlando hasta muy tarde. La novia

_____ su ramo de flores y una chica la _____; eso significa

que ella va a casarse pronto. Antes de que salgan los novios para su _____, cortan

la _____. Así se celebra un matrimonio en Chile.

D. ¡Un brindis para los novios! Escriba un breve brindis apropiado para el matrimonio de Gregorio y María Cristina. Use el subjuntivo del presente como en el ejemplo.

Ejemplo: María Cristina y Gregorio: espero que ustedes estén muy

contentos en su nueva vida, que pasen muchos años juntos…

_____

_____

E. ¡Felicidades! Describa en dos párrafos el matrimonio de Gregorio y María Cristina según los dibujos aquí. Use las palabras, frases, expresiones y gramática que usted ha aprendido de su libro de texto.

_____

_____

_____

_____

_____

_____

_____

_____

_____

_____

_____

_____

_____

_____

_____

_____

F. ¡Que lo pasen bien! Describa una luna de miel perfecta para dos amigos de usted.
Su descripción debe incluir…

- el número de días o semanas de la luna de miel
- el lugar adonde van los recién casados
- las actividades que ellos van a hacer allí

_____

_____

_____

_____

_____

_____

_____

_____

GRAMÁTICA FUNCIONAL

Present Subjunctive in Purpose and Time Clauses

A. Situaciones. Lea cada situación. Luego complete las oraciones lógicamente, usando los verbos indicados de las listas.

1. bailar / salir / conocer / sacar / divertirse

   Leticia quiere invitar a Jorge a la boda para que él…

   _____baile_____ la cueca con ella.

   _____ mucho en la fiesta.

   _____ de la casa un poco.

   _____ a su amigo Gregorio.

   _____ fotos de los novios.

2. comenzar / estar / recibir / sentarse / llegar

   La ceremonia religiosa de la boda va a comenzar tan pronto como…

   _____ la marcha nupcial.

   la novia _____ sus flores.

   los novios _____ con sus padres.

   los invitados _____ en la catedral.

   el padre Contreras _____ preparado.

3. bailar / terminar / cortar / tirar / quitar

    El padre de Gregorio va a hacer el brindis después de que…

    todos _____ el rico banquete.

    Gregorio le _____ la liga a su esposa.

    los novios _____ la torta nupcial.

    los novios _____ la cueca chilena.

    María Cristina_____ el ramo de flores.

B. Entre novios. Gregorio y María Cristina están hablándose en la cena nupcial.
Complete su conversación, usando apropiadamente las conjunciones de la siguiente lista.

aunque	con tal de que	en caso de que
para que	después de que	tan pronto como

—¿Qué vamos a hacer mañana en Viña del Mar, María Cristina?

—_____ desayunemos, vamos a la playa de Reñaca

_____ haga sol. _____ llueva,

podemos ir a un museo. ¿Qué te parece, Gregorio?

—¡Bien! Luego, por la tarde podemos visitar a mi abuelita en Valparaíso

_____ la conozcas mejor. _____ ella tiene

noventa años, es una mujer bastante activa.

—Sí. La conocí ayer en la iglesia. _____ llegué allí, ella se presentó, luego

me abrazó. Ella es muy simpática, Gregorio.

C. ¿Y usted? Complete las siguientes oraciones para describir sus planes y para expresar sus opiniones sobre sus próximas vacaciones.

1. Para mis próximas vacaciones, me gustaría ir a _____ [lugar] con tal de que

    _____.

2. Cuando llegue allí, pienso _____ [actividad = verbo] a menos que

    _____.

3. Después de hacer eso, creo que voy a _____ [lugar o verbo] aunque es posible

    que _____.

4. En caso de que _____ [problema], voy a _____ [solución].

5. Finalmente, voy a volver a casa cuando _____.

Past (Imperfect) Subjunctive

D. Entre amigos. Leticia y Jorge están charlando con Luis sobre el matrimonio de María Cristina y Gregorio. ¿Qué les dice su amigo? Use el subjuntivo pasado. Se indica si usted debe usar el **pretérito** *(pret)* o el **imperfecto** *(imp)*.

Ejemplo: JORGE: yo / querer *(imp)* que tú / ir al matrimonio, Luis

— Yo quería que tú fueras al matrimonio, Luis.

1. LUIS: ¿No se quejar *(pret)* ustedes que los novios / llegar tarde a la recepción?

   _____

   LETICIA: ¡No! Nos sorprender *(pret)* que ellos / terminar tan rápido con el fotógrafo.

   _____

   JORGE: Sí. Ser *(imp)* bueno que él / sacar todas las fotos tranquilamente.

   _____

2. LETICIA: Me preocupar *(imp)* que la misa no / comenzar a tiempo.

   _____

   JORGE: Sí, [nosotros] querer *(imp)* que todo / salir bien para los novios.

   _____

   LETICIA: Claro. Y me gustar *(pret)* que / hacer buen tiempo también.

   _____

   LUIS: Ser *(imp)* una lástima que yo no / estar allí con ustedes.

   _____

3. JORGE: [yo] Alegrarse *(pret)* de que [tú] / agarra el ramo de flores, Leticia.

   _____

   LETICIA: Sí, pero [yo] sentir *(pret)* que tú no / agarra la liga de María Cristina.

   _____

   LUIS: Ser *(imp)* ridículo que el primo de María Cristina lo / agarra porque tiene solamente catorce años.

   _____

4. LETICIA: Me gustar *(pret)* que todos / divertirse mucho en la recepción.

   _____

JORGE: Sí, no haber *(imp)* nadie que / irse antes de la una de la mañana.

_____

LETICIA: ¡Ojalá [tú] / poder estar allí con nosotros, Luis!

_____

E. El comienzo de un futuro. María Cristina le escribió a una amiga para explicar cómo conoció a su novio Gregorio Vega. Escriba en otro papel la carta de María Cristina, cambiando al pasado los verbos en letra cursiva.

Conocí a Gregorio hace dos años. Una de mis amigas me lo *presentar* en una fiesta. Yo *creer* que *ser* un hombre guapo e inteligente, y esa noche *esperar* que me *invitar* a salir. Gregorio me *invitar* al cine y después nosotros *ir* a un pequeño restaurante para tomar un café y charlar. Gregorio me *decir* que le *gustar* los deportes y que *jugar* con un equipo de fútbol semi-profesional. Me *alegrar* que él *ser* deportista porque yo también *practicar* algunos deportes.

Con el tiempo Gregorio y yo nos *conocer* mejor y nos *enamorar*. *Ser* lógico que *decidir* casarnos. Yo *insistir* que nosotros *terminar* nuestros estudios y que *encontrar* trabajo antes de casarnos. Gregorio *estar* de acuerdo conmigo. Cuando nos *graduar* de la universidad, *comenzar* a planear nuestro futuro. Nunca nos *preocupar* de que algo *salir* mal porque Gregorio y yo somos personas que tenemos confianza en nosotros mismos.

F. Querido Antonio… Luis le escribió a su amigo Antonio para explicar lo que pasó en casa hace algunas semanas. ¿Qué le dijo en su carta? Escriba la carta en otro papel.

Ejemplo: Rona *sugerir* que nosotros *mirar* la televisión

   Rona sugirió que nosotros miráramos la televisión.

Querido Antonio,

Rona, Jorge y yo *ir* a la sala para mirar la television. Yo *querer* mirar la continuación del Festival de la Canción. Rona *querer* mirar un programa de concursos y cuando [yo] *insistir* en cambiar el canal, ella me *decir* que *ser* una lástima que me *gustar* tanto el Festival. Luego ella *salir* enojada de la sala.

Jorge y yo *alegrarse* de que ella *irse*. Luego, un hombre en la tele *anunciar* que María Cristina Cabral Tártari *ganar* el título de Reina del Festival. ¿Sabes quién es? ¡Es la misma chica que me *enseñar* a nadar en la Playa de Reñaca! No puedes imaginarte cómo me *sorprender* que ella *ganar* el título. No *dudar* que *poder* ganarlo, pero para mí *ser* una sorpresa.

Saludos de Luis

G. La primera cita. Complete el siguiente párrafo para expresar lo que pasó cuando usted salió en su primera cita. Escriba su descripción en las líneas indicadas.

Cuando yo salí por primera vez con un(a) chico(a), esperé que él (ella)… Me alegré que nosotros… porque me preocupaba que… Para mí, era importante que… El chico (La chica) quería que… y yo le dije que… Me molestó que él (ella)… Por eso, le sugerí que… Más tarde, yo sentí que… Pero así es la vida, ¿verdad?

_____

_____

_____

_____

_____

_____

AUTOPRUEBA

Vocabulario

A. El noviazgo. Complete la siguiente conversación, usando palabras y frases apropiadas de la lista.

amor	cariño	amistad	enamorados	nos llevamos
cita	casados	noviazgo	matrimonio	nos enamoramos

GREGORIO: Nuestra _____ comenzó el día en que nos conocimos.

MARÍA: Sí, fue _____ a primera vista, ¿verdad?

GREGORIO: Claro porque _____ en un instante.

MARÍA: Tan grande era nuestro _____ desde el principio.

GREGORIO: Ay, cómo recuerdo nuestra primera _____.

MARÍA: Me invitaste al cine, luego fuimos a un café.

GREGORIO: _____ tan bien juntos, _____. ¡Ay!

MARÍA: Y al poco tiempo me hiciste una propuesta de _____.

GREGORIO: Qué corto fue nuestro _____. ¡Ya estamos _____!

B. La boda. Complete el siguiente párrafo, usando palabras y frases apropiadas de la lista.

| liga | se casan | brindis | se abrazan | recién casados |
| tiran | se besan | aplauden | luna de miel | ramo de flores |

Muchas veces el novio y la novia _____ en una iglesia. Cuando

_____ delante del altar, ya están casados. Después de esa ceremonia, los

_____ y sus invitados _____. Todos les _____ arroz,

luego salen para la recepción. Una persona les ofrece un _____ a los novios, entonces

todos les _____. Más tarde la novia tira el _____ y el novio tira una

_____ de su esposa. Después de la recepción, los novios salen para su

_____.

Gramática

A. Entre pololos. Complete la siguiente conversación, usando apropiadamente las conjunciones y los verbos de la lista.

Conjunciones		**Verbos**	
para que	con tal de que	tener	recordar
antes de que	cuando (dos veces)	besarse	ir (dos veces)

LETICIA: _____ los novios _____, yo me alegré tanto por ellos.

JORGE: Y yo saqué una foto de Gregorio y María Cristina _____ nosotros

_____ ese momento.

LETICIA: Ay, eres tan romántico, Jorge. Oye, _____ (nosotros)

_____ a la recepción, quiero comprar algunas flores para María Cristina

_____ (nosotros) _____ tiempo.

JORGE: Está bien, Leticia. Siempre eres tan generosa _____ (nosotros)

_____ a una fiesta.

B. Una joven generosa. En el siguiente párrafo, indique las formas correctas de los verbos entre paréntesis.

Leticia esperaba que Jorge (podía / pudiera) acompañarla al matrimonio. Por eso, lo (llamó/ llamara)

por teléfono. Cuando Jorge (dijo / dijera) que (quería / quisiera) ir, Leticia (se puso / se pusiera) bastante

contenta. Era bueno que ella lo (invitó / invitara); Leticia siempre quería (estar / estuviera) con su pololo.

Después de que Leticia (habló / hablara) con Jorge, ella fue a un almacén. Claro que la joven quería (com-

prar / comprara) un regalo especial para que los novios (se pusieron / se pusieran) felices.

Cultura

Lea cada oración, luego indique si es verdadera (**Sí**) o falsa (**No**).

1. Generalmente, los jóvenes hispanos comienzan a salir en pareja a una edad mayor que la de muchos jóvenes norteamericanos. _____

2. La costumbre de salir en pareja acompañados por un chaperón o una chaperona es muy popular en los países hispanos. _____

3. En los países de habla española, es común que el novio le pida la mano de su novia al padre de ella. _____

4. Muchas bodas en Latinoamérica y en España consisten en dos ceremonias oficiales: una civil y otra religiosa. _____

ANSWERS TO AUTOPRUEBA

Vocabulario

A. El noviazgo

amistad, amor, nos enamoramos, cariño, amor, cita, Nos llevamos, enamorados, matrimonio, noviazgo, casados

B. La boda

se casan, se besan, recién casados, se abrazan, tiran, brindis, aplauden, ramo de flores, liga, luna de miel

Gramática

A. Entre pololos

Cuando, se besaron, para que, recordáramos, antes de que, vayamos, con tal de que, tengamos, cuando, vamos

B. Una joven generosa

pudiera, llamó, dijo, quería, se puso, invitara, estar, habló, comprar, se pusieran

Cultura

1. Sí   2. No   3. Sí   4. Sí

Actividades y ejercicios orales

EN CONTEXTO

El matrimonio de unos amigos. Escuche la narración e indique la mejor respuesta para completar cada frase. Marque la respuesta correcta con un círculo.

> **Hint:** What do you see when you picture a traditional church wedding? How many people are present? Where do people go after the ceremony? What takes place there?

1. Leticia Landeros es…

   a. la amiga de Gregorio Vega.

   b. la novia de Gregorio Vega.

   c. la amiga de María Cristina.

2. Se va a celebrar la ceremonia…

   a. el 14 de marzo.

   b. el 3 de abril.

   c. el 16 de abril.

3. María Cristina Cabral Tártari es…

   a. la ex-novia de Jorge.

   b. la ganadora del Festival de la Canción.

   c. la esposa de Augusto.

4. Los novios planearon una ceremonia…

   a. pequeña.

   b. elegante con más de cien personas.

   c. en la casa de María Cristina.

5. Después de la ceremonia en la iglesia los recién casados salieron de la catedral y se fueron…

   a. al restaurante.

   b. a la luna de miel.

   c. a un estudio de fotografía.

6. La fiesta para todos los invitados duró…

   a. hasta las cinco de la mañana.

   b. dos días y dos noches.

   c. hasta que terminó la comida.

VOCABULARIO ÚTIL

A. Antes y después de la boda. Usted va a oír ciertas frases que corresponden a los siguientes dibujos. Ponga el número de la frase debajo del dibujo correcto.

_____

_____

_____

_____

_____

_____

B. Definiciones. Escuche las definiciones y escriba la palabra de vocabulario que corresponda a cada definición.

⌐ **Hint:** If you need to, you may consider reviewing the vocabulary from the lesson before completing this exercise.

1. _____

2. _____

3. _____

4. _____

5. _____

6. _____

C. El amor. Usted va a oír algunas frases. Decida si la frase corresponde a un diálogo entre **amigos, novios** no casados o **esposos.** Marque la respuesta apropiada con un círculo.

1. Amigos   Novios   Esposos

2. Amigos   Novios   Esposos

3. Amigos   Novios   Esposos

4. Amigos   Novios   Esposos

5. Amigos   Novios   Esposos

6. Amigos   Novios   Esposos

7. Amigos   Novios   Esposos

8. Amigos   Novios   Esposos

D. ¿Por qué se casan? Escuche los comentarios de un sicólogo en la radio. Escriba brevemente las razones equivocadas por las cuales muchas personas se casan.

⌐ **Hint:** Think about why people get married. Which reasons, although frequently cited, do you consider not to be good ones? Why? How would you express your ideas in Spanish?

Razones equivocadas (erróneas)

_____

_____

_____

_____

GRAMÁTICA FUNCIONAL

A. Un matrimonio ideal. Rona está hablando con unas amigas sobre lo que ellas consideran un matrimonio ideal. Escuche sus comentarios e indique si son ideas realistas **(Sí)** o no **(No).** Marque su respuesta con un círculo.

⌐ **Hint:** Remember that Rona is 15 years old. What type of ideas do you think she would have about an "ideal marriage"? Jot down a few brief notes for yourself before listening to the conversation.

1. Sí   No   5. Sí   No

2. Sí   No   6. Sí   No

3. Sí   No   7. Sí   No

4. Sí   No   8. Sí   No

B. Una conversación con Antonio. Luis está hablando por teléfono con Antonio, su hermano mayor. Escuche la conversación y decida si Luis habla de algo que va a pasar en el **futuro (F)**, de algo que ya ocurrió una vez en el **pasado (P)** o de algo que ocurre **habitualmente (H)**.

Hint: Remember that with most conjunctions, the indicative is used if reference is being made to habitual or completed actions. The subjunctive is used if reference is made to pending events. Some conjunctions always require the subjunctive, and *aunque* reflects the speaker's point of view. If you need to refresh your memory on these points, see *Lección 15* in your textbook. One word you will need to know is *terminar*, "to finish."

1. F   P   H   5. F   P   H

2. F   P   H   6. F   P   H

3. F   P   H   7. F   P   H

4. F   P   H   8. F   P   H

C. Unas vacaciones inolvidables. Usted va a escuchar cinco frases que describen las vacaciones de Jorge y Luis del verano pasado. Decida si cada frase es **correcta (C)**, **incorrecta (I)**, o **si no hay suficiente información (N)**.

Hint: The drawings will help remind you of some of their activities in Viña del Mar.

1. C   I   N   4. C   I   N

2. C   I   N   5. C   I   N

3. C   I   N

D. El presente y el pasado. Usted va a oír ciertas frases en el presente del subjuntivo. Cambie la primera parte al pasado y complete la frase, usando el imperfecto del subjuntivo.

⌐ **Hint:** Remember that when you change the first clause to the past tense, you have to change the second clause to the imperfect subjunctive. This exercise is meant to reinforce both the present and imperfect subjunctive. If you need to, you may review both forms in your textbook.

1. _____

2. _____

3. _____

4. _____

5. _____

E. Los recuerdos de su juventud *(youth)*. Usted va a oír cinco preguntas sobre su juventud. Después de escuchar cada pregunta, contéstela en una oración completa.

Ejemplo: ¿De qué se alegraba usted durante las vacaciones?

　　　　　　Me alegraba de que no tuviéramos que estudiar.

1. _____

2. _____

3. _____

4. _____

5. _____

LECCIÓN 16

Quito: La Florencia de las Américas

Actividades y ejercicios escritos

EN CONTEXTO

De vacaciones en Quito

Lea el diario en la sección *En contexto* en la página 385 de su libro de texto. Luego, basado en lo que usted leyó, empareje cada nombre de la primera columna con su identidad de la segunda columna.

1. Quito   a. lugar por donde pasa la línea ecuatorial   _____

2. Cuenca   b. capital del Ecuador, situada en los Andes   _____

3. Cotopaxi   c. iglesia antigua conocida por sus pinturas   _____

4. La Compañía   d. ciudad antigua situada en el sur del Ecuador   _____

5. Mitad del Mundo   e. lugar donde se ve un panorama de los Andes   _____

6. Cerro Panecillo   f. volcán grande situado en los Andes   _____

VOCABULARIO ÚTIL

A. En la agencia de viajes. Escriba una conversación entre Keri, Makiko y el agente de viajes, según el siguiente dibujo.

_____
_____
_____
_____
_____
_____
_____
_____
_____

B. ¿Qué van a llevar? Escriba los nombres de algunas cosas que Keri va a llevar en su mochila.

1.   un boleto de avión   6.   _____

2.   _____   7.   _____

3.   _____   8.   _____

4.   _____   9.   _____

5.   _____   10. _____

C. ¿Qué va a llevar usted? Imagínese que usted va a acompañar a Makiko y a Keri al Ecuador. ¿Qué cosas le gustaría llevar en su maleta o en su mochila?

_____

_____

_____

_____

_____

D. El día del vuelo. ¿Qué hicieron Keri y Makiko el día en que salieron para Quito? Primero, lea todas las oraciones. Luego, póngalas en orden, usando números consecutivos del 1 al 10.

Keri y Makiko…

_____   buscaron sus asientos en la sección de no fumar.

_____   pasaron por la inmigración, luego por la aduana.

_____   le dijeron a la empleada dónde querían sentarse.

_____   le dieron a la empleada sus boletos y pasaportes.

_____   pasaron por el control de seguridad sin problemas.

_____   esperaron hasta que se anunció el número de su vuelo.

_____   se abrocharon el cinturón de seguridad y salieron.

_____   fueron en taxi al aeropuerto internacional de Miami.

_____   abordaron el avión y saludaron a la asistente de vuelo.

_____   llegaron al aeropuerto de Quito y recogieron sus mochilas.

E. Un viaje a Costa Rica. Complete las oraciones en los siguientes párrafos con palabras y frases apropiadas de cada lista.

país	viaje	de ida y vuelta
vuelo	boleto	hacer una escala
avión	agente	agencia de viajes

La semana pasada fui a una _____ donde compré un _____

para hacer un _____ en _____ a Costa Rica. Compré uno

_____ porque iba a ese _____ por dos semanas solamente, luego

quería volver a casa. Quería un _____ directo, pero la _____ me dijo

que no era posible. Me dijo: —Usted tiene que _____ en Miami.

maleta	equipaje	pasaporte
dinero	pasajeros	aeropuerto

Esta mañana fui al _____. Cuando viajo, nunca llevo mucho

_____ como lo hacen muchos _____. Llevé solamente las siguientes

cosas: mi ropa y accesorios en una _____, mi boleto de vuelo, mi

_____ y suficiente _____ para el viaje.

avión	asiento	sección de no fumar
demora	me senté	cinturón de seguridad

No fumo, por eso, _____ en la _____. Encontré mi

_____ sin problema: 12-C. Me abroché el _____ y hablé con una

pasajera sentada a mi lado izquierdo. El piloto anunció una _____ de quince minutos

por un problema mecánico con el _____.

avión	pasajeros	hizo escala
maleta	pasaportes	nos bajamos
aduana	con destino	inmigración

Por fin, salimos del aeropuerto _____ a Miami. El avión _____

allí, luego seguimos a San José, capital de Costa Rica. Allí todos los _____ y yo

_____ del _____, luego pasamos por la _____

donde se controlan los _____. Finalmente, recogí mi _____ y pasé

por la _____ sin problemas.

F. En el avión. Imagínese que usted está sentado(a) en un avión al lado de otro(a)
pasajero(a) de habla española. Escriba una conversación breve entre usted y esa persona.
Conversen así:

- Salúdense el uno al otro.
- Preséntense y dense la mano.
- Díganse de dónde son.
- Digan adónde van.
- Expliquen por qué van allí.
- Pregúntense dónde estudian o trabajan.

_____

_____

_____

_____

_____

_____

_____

_____

Atajo

Functions: Greeting; asking information; describing people
Vocabulary: Nationality; studies; professions; trades; traveling

GRAMÁTICA FUNCIONAL

Informal Commands

A. ¡Bienvenido a la Florida! Keri le dio algunos consejos a su amigo ecuatoriano Juan Ochoa en caso de que viniera a la Florida algún día. ¿Qué le dijo Keri?

Ejemplo: correr las olas en Coral Gables

Corre las olas en Coral Gables.

1. jugar al tenis conmigo

   _____

2. venir a visitarme en Miami

   _____

3. aprender a bucear en Key West

   _____

4. pasear en velero en el Mar Caribe

   _____

5. almorzar en un restaurante cubano

   _____

6. tomar el sol en la playa de Daytona

   _____

7. visitar el museo en Cabo Kennedy

   _____

8. divertirse en el famoso Disney World

   _____

9. hacer una parrillada en las Everglades

   _____

10. caminar por las calles de Little Havana (la pequeña Habana)

   _____

B. Consejos para viajar. Makiko ha viajado mucho y, por eso, puede darle a usted algunos consejos para viajar en el extranjero. ¿Qué dice ella?

Ejemplo: No (beber) el agua de tu cuarto; _____ agua mineral.

   No bebas el agua de tu cuarto; bebe agua mineral.

1. No tener / miedo de hablar español; _____ paciencia.

2. No cambiar / dinero en el hotel; _____lo en un banco.

3. No le decir / malas palabras a nadie; _____ cosas buenas.

4. No ser / turista; _____ un(a) viajero(a) bien informado(a).

5. No leer / muchos periódicos en inglés; _____ algunos en español.

6. No vestirse / como turista; _____ como los residentes locales.

7. No comer / siempre en McDonald's; _____ en cafés pequeños.

8. No caminar / solo(a) por la noche; _____ con un(a) amigo(a).

9. No pagar / con cheque personal; _____ con tarjeta de crédito.

10. No llevar / mucho dinero en efectivo; _____ cheques de viajero.

C. Consejos para Robbie. Robbie Kilpatrick, una estudiante de español de Michigan, va a trabajar como camarera en un restaurante de Mallorca el próximo verano. Escriba lo que le aconsejan sus amigos hispanos.

Ejemplo: Robbie, aprender mucho en Mallorca

   Robbie, aprende mucho en Mallorca.

1. no acostarse tarde los días de trabajo

   _____

2. trabajar mucho, pero / divertirse también

   _____

3. servirles a todos tus clientes con cortesía

_____

4. Robbie, ahorrar todas las propinas

_____

5. tener paciencia y / ser simpática con todos

_____

6. no hablar mucho mientras les sirves a tus clientes

_____

7. siempre lavarse las manos antes de servirles

_____

8. escribirme cuando tengas tiempo, Robbie

_____

9. llamarme por teléfono y / decirme cómo te va

_____

10. traerme algunas postales de España cuando vuelvas

_____

D. Más consejos. Déles algunos consejos a las siguientes personas.

Ejemplo: su amigo cubano que está enfermo

No trabajes hoy; descansa mucho.

1. un nuevo estudiante en su clase de español

_____

2. su amiga hispana que está muy enamorada

_____

3. su cuñado, que es profesor de literatura española

_____

4. su amiga colombiana, que es camarera en un restaurante mexicano

_____

5. una amiga nicaragüense, que acaba de llegar a los Estados Unidos

_____

E. Y usted, ¿qué dice? Escriba sus consejos afirmativos y sus consejos negativos para las siguientes personas.

Ejemplo: para su amiga hispana que quiere casarse

+ Piensa bien en lo que quieres hacer.

− No te cases hasta terminar tus estudios.

1. para un(a) compañero(a) de clase que va a estudiar en España

_____

_____

2. para su amigo(a) panameño(a) que desea visitarlo(la) pronto

_____

_____

3. para un(a) niño(a) mexicano(a) que tiene problemas en aprender inglés

_____

_____

F. Situaciones. Escriba cuatro conversaciones breves en español según las siguientes situaciones. Use lenguaje formal (por ejemplo: **usted, su,** mandatos con **usted**) o lenguaje informal (por ejemplo: **tú, tu,** mandatos con **tú**), según la situación.

1. CUSTOMER: You are shopping in a large department store in Quito. Tell the salesclerk you need a pair of jeans.

    SALESCLERK: Ask your customer what size she wants. Show her a good pair of jeans, and suggest she try them on. (Tell her where she can do so.)

_____

_____

_____

_____

_____

_____

_____

_____

_____

2. **BOY:** You are six years old and are curious about your new "brother" or "sister" from abroad. Ask some personal questions about his or her activities, family, country.

   GUEST: You are staying with a host family in Cuenca, Ecuador, where you are taking some Spanish courses. Answer some questions asked by your "little brother," then say you need to study for a test tomorrow. Be courteous to him.

   _____

   _____

   _____

   _____

   _____

   _____

   _____

   _____

   _____

3. **MAN:** Your neighbor from Nicaragua is four years old. She likes to play with your dog in your yard. You don't want to take any responsibility for the child getting hurt or causing problems on your property. Make this clear, but remember to be gentle with her.

   GIRL: Your next door neighbor has a big, white dog who is playful and very friendly, so you like to play with it every day. Talk with your neighbor and ask some questions about the dog.

   WOMAN: You are the mother of the girl. You and your family have recently immigrated from Nicaragua, and now you want to get acquainted with your new neighbors. Talk with the man next door by introducing yourself and asking him some questions.

   _____

   _____

   _____

   _____

   _____

   _____

   _____

   _____

   _____

   _____

Adjectives Used as Nouns

G. En Quito. Makiko y Keri están expresando sus preferencias en varios lugares de Quito. ¿Qué dicen ellas?

Ejemplo: En un restaurante

        MAKIKO: Aquí se sirven tacos picantes y no picantes.

           KERI: <u>Prefiero unos no picantes.</u> No me gustan los pimientos.

1. **En una papelería**

          KERI: ¡Mira! Estos bolígrafos están rebajados. Tienen dos colores: blanco y negro.

     MAKIKO: Compra _____.

          KERI: No, voy a comprar _____; no me gustan los colores oscuros. Vamos a

                comprar sobres también. Hay pequeños y grandes.

     MAKIKO: Prefiero _____ porque necesito escribir algunas cartas personales.

          KERI: Voy a comprar _____. Pienso mandarles algunos regalos a mis amigos.

2. **En un mercado**

     MAKIKO: Quiero comprar una blusa aquí.

          KERI: ¡Mira! Algunas son nuevas y otras usadas.

     MAKIKO: Prefiero _____; es posible que ésas tengan defectos.

          KERI: Hay de dos colores: verdes y amarillas.

     MAKIKO: Voy a comprar _____ porque ese color es más elegante.

          KERI: ¿Por qué no compras _____ que es el color del sol?

     MAKIKO: No, creo que ésas son feas.

3. **En un restaurante**

     MAKIKO: Tienen ensaladas pequeñas y grandes aquí.

          KERI: Prefiero _____; acabo de comer un taco en la calle.

     MAKIKO: Pues, voy a pedir _____ porque tengo mucha hambre.

          KERI: Hay bebidas baratas como los refrescos y otras más caras.

     MAKIKO: Voy a pedir _____: una Coca-Cola.

          KERI: Yo también prefiero _____: agua mineral.

H. ¡Bienvenidos a Quito! Lea cada descripción, luego escriba sus respuestas a las preguntas, según sus preferencias.

Ejemplo: En Quito hay restaurantes chinos, japoneses, italianos y alemanes. ¿En cuál prefiere usted ~~almorzar, y por qué?~~

Prefiero almorzar en uno italiano porque me gusta la pizza.

1. Como sabe usted, hay cámaras baratas y cámaras caras. Cuando usted vaya a Quito, ¿qué tipo de cámara prefiere llevar, y por qué?

_____

_____

2. La ciudad de Quito tiene hoteles económicos y otros muy elegantes. ¿En qué hotel prefiere usted alojarse, y por qué?

_____

_____

3. En Quito hay restaurantes japoneses, italianos, chinos y alemanes. ¿En cuál prefiere usted almorzar, y por qué?

_____

_____

4. Quito tiene iglesias modernas e iglesias antiguas. ¿Cuáles prefiere usted visitar primero, y por qué?

_____

_____

5. En un mercado de Quito se venden pinturas pequeñas y otras grandes. Usted desea comprar una pintura para sus padres. ¿Qué pintura prefiere comprarles, y por qué?

_____

_____

6. En los cafés pequeños de Quito se sirven bebidas alcohólicas como el pisco y el vino. También se sirven bebidas no alcohólicas como los refrescos y los jugos. ¿Prefiere usted una bebida alcohólica o no alcohólica, y por qué?

_____

_____

I. De viaje. Complete los siguientes párrafos para expresar sus opiniones sobre lo positivo y lo negativo de viajar.

A muchas personas les gusta viajar. Claro que lo interesante de viajar es

_____. En cambio, lo aburrido de viajar puede ser

_____. Hoy día lo fácil de viajar en el mundo moderno

es _____. Lo peor de viajar en (avión / tren / auto / autobús)

es _____. Personalmente, prefiero viajar en

_____ porque _____.

Lo bueno de viajar con otra persona es _____ y

_____. Por otro lado, lo malo de viajar con otra persona es

_____. Personalmente, prefiero viajar (solo / sola / con)

_____ porque _____.

Lo mejor de viajar a otros países es _____. Creo que lo

que asusta de viajar al extranjero es _____ porque

_____. Algún día quiero hacer un viaje a

_____ porque _____. En este momento lo

difícil de hacer ese viaje es _____. Sin duda, lo caro de viajar

al extranjero es el costo de _____, pero creo que

_____.

AUTOPRUEBA

Vocabulario

A. El viajar en general. Empareje las descripciones de la columna izquierda con las palabras y frases de la columna derecha.

1. maletas y mochilas   a. aduana   _____

2. papeles que sirven de dinero b. horario   _____

3. las horas de salida y llegada c. equipaje   _____

4. las personas que viajan juntas d. pasajeros   _____

5.   donde se inspeccionan las maletas   e.   pasaporte   _____

6.   donde se presentan los pasaportes   f.   inmigración   _____

7.   donde se compran los boletos de viaje   g.   agencia de viajes   _____

8.   documento oficial para entrar en otro país   h.   cheques de viajero   _____

B. El viajar en avión. Complete el siguiente párrafo, usando palabras apropiadas de
la lista.

viaje	escala	aborden	ventanilla	se abrochan
vuelo	salida	asiento	ir en avión	cinturón de seguridad

Keri y Makiko van a _____ al Ecuador. Su _____ no hace ninguna

_____ entre Miami y Quito; van a ir directamente. Cuando las dos jóvenes

_____ el avión, buscan su _____, luego _____ el

_____. Mientras esperan la _____ del avión, miran por la

_____ y hablan de su _____.

Gramática

A. Consejos de una amiga. La señora Pérez, quien conoció a Makiko en el Cerro
Panecillo, le dio a la joven algunos consejos. ¿Qué le dijo la señora a Makiko?

Ejemplo: (tomar) _Toma pisco, pero no tomes más de una copa._

1.   (escribirnos) _____ cuándo puedas, pero no nos _____ en inglés.

2.   (venir) _____ a vernos pronto, pero no _____ sin decirnos la fecha.

3.   (llamarnos) _____ por teléfono, pero no nos _____ tarde por la noche.

4.   (visitar) _____ los museos aquí, pero no los _____ todos en un día.

5.   (divertirse) _____ mucho, pero no te _____ antes de un examen.

6.   (hacer) _____ un viaje al Amazonas, pero no lo _____ cuando llueva.

B. En la tienda. Keri y Makiko están expresando sus preferencias en una tienda de
recuerdos de Quito. ¿Qué dicen ellas?

Ejemplo: MAKIKO: ¿Compro estas postales pequeñas o ésas grandes?

KERI: _Compra las pequeñas porque cuestan menos para mandar._

KERI: ¿Crees que debo comprar esta muñeca pequeña o ésta grande?

MAKIKO: Compra la _____ porque hay poco espacio en tu mochila.

KERI: Pero me gusta más la _____. Puedo mandarla a casa, ¿verdad?

MAKIKO: Sí, pero si compras una _____, va a costarte una fortuna en estampillas.

KERI: Tienes razón. Entonces compro la _____. Es para mi sobrina.

. . . .

MAKIKO: Aquí venden libros sobre el Ecuador. Hay baratos y caros.

KERI: Es mejor que compres unos _____ porque no tienes mucho dinero.

MAKIKO: Sí, pero los _____ no tienen ninguna foto a colores. Voy a comprar uno

_____ para una persona especial: mi novio. A él le gusta mirar fotos bonitas de

lugares exóticos.

Cultura

Lea cada oración, luego indique si es verdadera (**Sí**) o falsa (**No**).

1. Si uno piensa viajar a regiones de montañas o de selva en Latinoamérica, es mejor ir en avión. _____

2. En Latinoamérica no es económico viajar de ciudad a ciudad en autobús. _____

3. En España casi todos los trenes tienen secciones de primera y de segunda clase. _____

4. Viajar en auto es la manera más conveniente y cómoda para visitar los lugares remotos de España. _____

ANSWERS TO AUTOPRUEBA

Vocabulario

A. El viajar en general

1. c	3. b	5. a	7. g
2. h	4. d	6. f	8. e

B. El viajar en avión

ir en avión, vuelo, escala, abordan, asiento, se abrochan, cinturón de seguridad, salida, ventanilla, viaje

Gramática

A. Consejos de una amiga

1. Escríbenos, escribas
2. Ven, vengas
3. Llámanos, llames
4. Visita, visites
5. Diviértete, diviertas
6. Haz, hagas

B. En la tienda

Conversation 1: pequeña, grande, grande, pequeña
Conversation 2: baratos, baratos, caro

Cultura

1. Sí   2. No   3. Sí   4. Sí

Actividades y ejercicios orales

EN CONTEXTO

El diario de Keri. Keri escribe en su diario todos los días durante su estancia en el
Ecuador. Escuche sus narraciones del diario para asociarlas con las fotos de su viaje.
Para cada foto escriba la fecha e identifique a la gente y al lugar.

VOCABULARIO ÚTIL

A. ¿Te gusta viajar en avión? Escuche algunos comentarios sobre los aviones. Usted va a oír varios puntos positivos y otros negativos. Escríbalos en sus propias palabras.

⌐ **Hint:** What do you think are the advantages and disadvantages of air travel? How would you express these ideas in Spanish? Since this exercise is aimed at having you paraphrase information in Spanish, you may wish to listen twice.

Positivo

1. _____

2. _____

3. _____

4. _____

Negativo

1. _____

2. _____

3. _____

4. _____

B. Los viajes. Las conversaciones que usted va a oír ocurren en diferentes lugares. Indique dónde ocurre cada conversación. Escoja entre las posibilidades que se dan.

⌐ **Hint:** Look at the possible places listed. What type of conversation would you expect to overhear in each location?

Lugares:

En una agencia de viajes   En una sala de espera
En un mostrador (*counter*) de una línea aérea   En un avión

1. _____

2. _____

3. _____

4. _____

5. _____

6. _____

7. _____

C. Las demoras. A veces hay problemas con el transporte. Por ejemplo, hay vuelos que no llegan a la hora indicada. Aquí hay variais explicaciones de una demora. Decida si la explicación es **lógica** o **ilógica.** Marque la respuesta con un círculo.

1. Lógica   Ilógica   5. Lógica   Ilógica

2. Lógica   Ilógica   6. Lógica   Ilógica

3. Lógica   Ilógica   7. Lógica   Ilógica

4. Lógica   Ilógica   8. Lógica   Ilógica

D. ¿A usted le gusta viajar? Va a oír cinco preguntas personales. Conteste cada pregunta en una oración completa.

1. _____

2. _____

3. _____

4. _____

5. _____

GRAMÁTICA FUNCIONAL

A. ¿Isabel o Carolina? Usted va a oír ocho mandatos en español que corresponden a unas conversaciones entre Isabel y su hija Carolina. Indique quién dice cada mandato.

⌐ **Hint:** It may be helpful for you to think of the kinds of things that a mother (Isabel) or a child (Carolina) would say.

1. Isabel   Carolina

2. Isabel   Carolina

3. Isabel   Carolina

4. Isabel   Carolina

5. Isabel   Carolina

6. Isabel   Carolina

7. Isabel   Carolina

8. Isabel   Caroliina

B. ¡Carolina, escúchame! Isabel le dice a Carolina seis cosas que su hija debe hacer. Mire los dibujos y escriba el número del mandato que corresponde a cada dibujo.

⌐ **Hint:** Look at the illustrations and jot down a brief command that might accompany each one.

_____

_____

_____

_____

_____

_____

C. Cómo ser más firme. Usted tiene que hablar con más firmeza (*more firmly*) con sus amigos. Escuche las situaciones y dé un mandato lógico para cada situación. Después, oirá un mandato correcto.

Ejemplo: Un amigo le debe dinero y no quiere pagarle.

Págame ahora.

D. En el mercado. Keri y Makiko fueron al mercado a comprar unos recuerdos. Basando sus respuestas en los dibujos, diga lo que cada chica quiere comprar. Conteste durante la pausa.

⌐ **Hint:** Give your response during the pause on the tape. You will hear the correct answer after the pause. Two words you might need are *oro* (gold) and *plata* (silver).

Ejemplo: Aquí tengo una pintura grande y otra más pequeña. ¿Cuál quiere usted?

Quiero la grande.

1.

2.

3.

4.

5.

E. Gustos personales. Usted va a oír cinco preguntas sobre sus preferencias. Después de escuchar cada pregunta dos veces, contéstela lógicamente según sus gustos.

Ejemplo: ¿Prefieres la música clásica o la moderna?

Prefiero la moderna.

L
E
C
C
I
Ó
N

Aventuras en el Amazonas

Actividades y ejercicios escritos

EN CONTEXTO

En la selva

Lea la guía turística y la carta en la sección *En contexto* en la página 408 de su libro de texto. Luego, basado en lo que usted leyó, complete las siguientes oraciones apropiadamente.

1. Coca es un pueblo en (la selva / las montañas / el mar).

2. Makiko y Keri fueron a la Isla de los Monos en (avión / auto / piragua).

3. (Luis / Óscar / José) fue su guía indígena en la selva.

4. Hizo (frío / viento / calor) durante la excursión allí.

5. Los misioneros tenían muchos[as] (animales / fotos / canoas).

6. Los indios aucas tenían (guitarras / cerbatanas / recuerdos).

7. Hubo una fiesta en (el comedor / las habitaciones / la terraza) del Flotel.

VOCABULARIO ÚTIL

A. En el Hotel Cumanda. Complete la siguiente conversación entre el cliente (C) y la recepcionista (R) con palabras apropiadas de la lista.

piso	sucres	cama doble
ruido	cómo no	baño privado
llave	cómodos	camas sencillas
cuarto	ascensor	aire acondicionado

C: Buenos días. Quiero un _____ para dos personas.

R: ¿Con una _____ o con dos _____, señor?

C: Una doble, por favor, con un _____.

R: Bien. Tengo un cuarto en el segundo _____: número 210.

C: ¿Cuánto es el cuarto?

R: Cincuenta mil _____, señor.

C: Está bien. Hace calor aquí. ¿Tiene _____ el cuarto?

R: _____, señor. Todos nuestros cuartos son _____.

C: Y el cuarto número 210... ¿da a la calle?

R: Pues, el número 210.... sí, señor. ¿Por qué?

C: El _____ de la calle va a molestarnos.

R: Ah, entonces les doy el 209. Aquí tiene la _____. Ustedes pueden subir en el

_____ aquí a la izquierda.

C: Muchas gracias.

R: De nada, señor.

B. En la recepción. Complete el siguiente formulario de hotel.

EMPRESA HOTELERA PANAMERICANA S.A.

HOTEL O'HIGGINS

VIÑA DEL MAR-CHILE

APELLIDOS	NOMBRE	Nº PERSONAS

DOMICILIO	Nº	CIUDAD

PAIS	CARNET Nº	FONO

NACIONALIDAD	VEHIC. PATENTE	PROFESION

FECHA DE ENTRADA	FECHA DE SALIDA

PROCEDENCIA	DESTINO

AL RETIRARME CANCELARE MI CUENTA CON

- EN EFECTIVO – CASH
- CARGO EMPRESA
- AMERICAN EXPRESS
- DINERS CLUB
- VISA
- CHEQUE PERSONAL

HABITACION ROOM	PRECIO PRICE

Aviso a Huéspedes: El Hotel no asume responsabilidad alguna por las pérdidas de dinero, efectos u objetos de valor que no sean entregados a la Administración para su custodia en cajas de seguridad que se encuentran a disposición de los señores pasajeros, sin cargo.

Notice to Guests: The Hotel does not assume any responsability for the losses of money, personale effects or valuable items wich have not been handed over to the Management for their custody in safes wich are at the passengers disposal on free from charge basis.

HORA SALIDA 12 A.M.

CHECK OUT TIME 12 O'CLOCK

CTA. CON CARGO A	RECEPCION

C. Una habitación sin arreglar. Describa un mínimo de **siete** problemas que usted ve en este cuarto de hotel.

1. _____

2. _____

3. _____

4. _____

5. _____

6. _____

7. _____

D. Un cuarto ideal. Describa un cuarto ideal, en el cual a usted le gustaría alojarse durante una semana de vacaciones.

_____

_____

_____

_____

_____

_____

_____

E. Maravilloso Ecuador. Muchas personas de Costa Rica desean visitar el Ecuador, como está indicado en este anuncio de un periódico costarricense. Conteste las preguntas según la información del anuncio.

MARAVILLOSO ECUADOR

VISITA:	*QUITO: HOTEL EMBASSADOR
	*CUENCA: HOTEL PRESIDENTE
	*GUAYAQUIL: HOTEL PLAZA
INCLUYE:	*Boleto aéreo San José - Quito - Guayaquil - San José
	*Impuesto del I.C.T
	*6 noches de alojamiento, traslados.
	*Paseos en cada una de las ciudades
SALIDAS:	22 octubre, 05-19 noviembre, 03-10-17 diciembre
REGRESOS:	28 octubre, 11-25 noviembre, 09-16-23 diciembre

BOLETO AÉREO: $318.00
IMPUESTO I.C.T.   25.44   OPERADOR: ULTRAMERICA
PORCION TERRESTRE
HAB. DOBLE   167.00   Para mayor información llamar a los teléfonos:
TOTAL PAQUETE $510.00

55-4244   **55-4345**   **25-2180**

AGENCIA DE VIAJES

Jorge León Castro e hijo

Paseo Colón de la Kentucky 200 m. al norte y en San Pedro de Montes de Oca.

VARIG

Líneas Aéreas Brasileñas

EL PUENTE AL SUR

1. ¿Por cuánto tiempo van a estar los turistas en el Ecuador?

   _____

2. ¿Qué ciudades van a visitar en ese país?

   _____

3. ¿Cómo llegan ellos al Ecuador? ¿Con qué línea aérea van a viajar?

   _____

4. ¿Cuándo pueden salir para el Ecuador y volver a casa?

   _____

5. ¿Qué no está incluido en el precio del viaje?

   _____

6. ¿Cómo se puede obtener más información sobre este viaje?

   _____

GRAMÁTICA FUNCIONAL

Future Tense

A. Las predicciones de Óscar.
El guía Óscar Montoya está hablando con Makiko sobre algunas de sus predicciones. Escriba lo que le dice Óscar.

Ejemplo: Yo… Trabajar con los misioneros el próximo año

Trabajaré con los misioneros el próximo año.

Tú…   Volver al Japón después de tus vacaciones / Estudiar en la universidad / Casarse y / tener dos niños / Estar contenta

_____

_____

_____

_____

Keri…   Mudarse a otro estado / Especializarse en biología / Vivir en varios países y saber hablar algunas lenguas exóticas / Escribir libros científicos / Ser famosa, pero no rica

_____

_____

_____

_____

Tú y Keri… Ser amigas para siempre y / escribirse frecuentemente / Visitarse cada dos años y / charlar sobre sus amigos y actividades

_____

_____

_____

_____

Yo…   Ser guía para los misioneros / Hacer un viaje en canoa al Brasil / Conocer a muchas personas / Recordar nuestras aventuras y les / escribir a ti y a Keri

_____

_____

_____

_____

B. Querido diario... Makiko también escribió un diario sobre sus experiencias en el Ecuador. Complete los siguientes párrafos, usando el futuro de los verbos apropiados de cada lista.

tener / volver / ahorrar / venir

Sé que algún día [yo] _____ al Ecuador. Claro que mi esposo y nuestros niños

_____ también. Creo que [yo] _____ más dinero que ahora porque mi

marido y yo lo _____ cada semana.

divertirse / visitar / escribir / alegrarse

Antes de salir para el Ecuador, [yo] les _____ a mis amigos ecuatorianos

para decirles que [yo] los _____ con mi familia. Estoy segura de que ellos

_____ de verme y que [nosotros] _____ mucho.

saber / hacer / tomar / poder / haber

Mi familia y yo _____ el viaje en la primavera cuando _____ menos

visitantes que ahora. [Yo] _____ más español que ahora porque _____

clases avanzadas en la universidad. Por eso, _____ comunicarme mejor con la gente aquí.

ir / besar / decir / ser / visitar / presentar / recibir

Primero, mi familia y yo _____ Quito. Luego, _____ en avión a

Cuenca para visitar a la familia Pérez, que nos _____ en el aeropuerto. [Yo] les

_____: —¡Qué gusto de verlos! [Yo] Le _____ a cada uno de ellos y les

_____ a mi familia. Yo sé que _____ una visita maravillosa.

C. En la selva amazónica. Escriba algunas predicciones de lo que pasará en la selva amazónica durante el resto de este siglo. Use una palabra o frase de cada columna, usando la forma correcta de los verbos apropiados.

Ejemplo: Más turistas visitarán la selva amazónica.

1. el aire	ser	la selva amazónica
2. el Flotel	morir	en grandes cantidades
3. más turistas	estar	un poco más contaminado
4. los misioneros	viajar	un balneario muy popular
5. el Lago Tarocoa	visitar	más lenguas indígenas
6. muchos animales	aprender	por otros ríos de la selva

_____

_____

_____

_____

Ahora escriba otras dos predicciones sobre la selva amazónica.

_____

_____

_____

_____

D. ¡Vamos a la selva! Imagínese que usted y un(a) amigo(a) harán un viaje en el Flotel. Lea otra vez la guía turística del Ecuador en *Lección 17* de su libro de texto. Luego, conteste las siguientes preguntas, como en el ejemplo.

Ejemplo: ¿Cómo llegarán ustedes a Coca?

Llegaremos en avión desde Quito.

1. ¿Cómo será el clima allí?

_____

2. ¿Dónde está Coca?

_____

3. ¿Adónde pueden ir en autobús?

_____

4. ¿A quiénes conocerán a bordo del Flotel?

_____

5. ¿Qué harán ustedes durante el primer día?

_____

E. Situaciones. Lea cada situación, luego describa lo que usted cree qué pasará después.

Ejemplo: Usted visita la Hacienda Primavera donde un empleado indígena le sirve a usted jabalí, plátanos fritos, ensalada y chicha. Usted no come carne ni toma bebidas alcohólicas.

- Yo comeré _plátanos fritos y ensalada. También le pediré agua mineral al empleado._
- El empleado _me servirá una botella de agua mineral con un vaso._

En un hotel

Un hombre y su esposa llegan a un hotel donde piden un cuarto con dos camas sencillas. El recepcionista les dice que tiene solamente un cuarto con una cama doble por el momento. Son las nueve de la noche y la pareja está cansada.

- Esta noche la pareja _____.
- Mañana ellos _____.

Dos amigas canadienses están en su cuarto de hotel en Cuenca, Ecuador. Ellas quieren visitar la ciudad, pero no desean llevar sus pasaportes, boletos de avión ni todos sus cheques de viajero. Ahora ellas hablan con la recepcionista del hotel.

- Ellas _____.
- La recepcionista _____.

En la selva

Usted tiene miedo de los insectos, pero quiere visitar la selva amazónica porque le gustaría visitar a los misioneros y a la gente indígena allí. Ahora usted va a hablar de su miedo con un guía del Flotel.

- El guía me _____.
- Yo _____.

En Limoncocha una misionera lo (la) invita a usted a visitar el Instituto Lingüístico de Verano donde los indios aprenden a leer y escribir su lengua indígena. Su grupo va a volver al Flotel en dos horas.

- Yo _____.
- Después, la misionera _____.

F. El año 2010. ¿Cómo será el futuro en el año 2010? Conteste las siguientes preguntas.

1. ¿Cuántos años tendrá usted?

   _____

2. ¿Cómo será usted físicamente?

   _____

3. ¿Cuál será su estado civil?

_____

4. ¿Dónde vivirá usted y con quién(es)?

_____

5. ¿Dónde trabajará usted y qué tipo de trabajo hará?

_____

Conditional Tense

G. Aventuras en la selva. ¿Qué harían las siguientes personas si les pasaran las circunstancias indicadas?

Ejemplo: Si Keri y Makiko no pudieran ir en avión a Coca, (ir) ___irían___ en autobús y (pasar)

___pasarían___ muchas horas en llegar allí.

1. Si ellas no hablaran español, no (poder) _____ comunicarse bien con algunos

   pasajeros ecuatorianos ni (gozar) _____ mucho de su viaje al Ecuador.

2. Si estas dos chicas tuvieran más tiempo en la selva, (quedarse) _____ allí dos

   semanas más y (conocer) _____ mejor la vida de la gente indígena.

3. Si el guía no les explicara a sus pasajeros adónde iban durante su excursión, ellos (estar)

   _____ enojados y (quejarse) _____.

4. Si lloviera todos los días, los pasajeros (hacer) _____ otras actividades, pero no

   (ver) _____ tantos animales en la selva.

5. Si los indios invitaran a los pasajeros a usar una cerbatana, nadie lo (hacer)

   _____ porque nadie (saber) _____ qué hacer.

H. Una conversación con el capitán. Complete la siguiente conversación entre
Makiko y el capitán del Flotel. Use la forma correcta del condicional de los verbos apropiados de la lista.

querer / gustar / hacer / decir / poder

MAKIKO: Capitán, me _____ hacerle algunas preguntas.

CAPITÁN: Cómo no, Makiko. Con mucho gusto.

MAKIKO: ¿_____ usted decirme por cuánto tiempo ha sido capitán del Flotel?

CAPITÁN: Por quince años.

MAKIKO: Ay, ¡por tantos años! ¿No _____ usted hacer otra cosa?

CAPITÁN: No, nunca. ¿Qué _____ yo sin el río? Me gusta mi vida aquí.

MAKIKO: Lo comprendo bien, Capitán. El río es su vida y su vida es el río. ¿No

_____ usted eso?

CAPITÁN: ¡Claro que sí! Soy muy feliz aquí.

Ahora escriba otras dos preguntas que a usted le gustaría hacerle al capitán.

_____

_____

I. Situaciones difíciles. Lea cada situación muy bien. Luego conteste las preguntas, usando el condicional.

1. Imagínese que usted es un(a) pasajero(a) del Flotel. Usted vuelve a su cabina para buscar su cámara, pero no la encuentra en ninguna parte.

   ¿Con quién hablaría usted?

   _____

   ¿Qué le diría exactamente?

   _____

   ¿Qué le contestaría esa persona?

   _____

2. Imagínese que usted está de vacaciones en el Ecuador con un(a) amigo(a) de habla española. Ustedes iban a hacer muchas actividades durante su viaje, pero anoche su amigo(a) conoció a una persona de quien se enamoró. Ahora su amigo(a) ya no quiere salir tanto con usted, lo que le molesta un poco. En este momento ustedes están hablando en su cuarto de hotel.

   ¿Qué le diría usted a su amigo(a)?

   _____

   ¿Qué le contestaría a usted?

   _____

   ¿Qué pensaría usted de esta situación?

   _____

Ahora escriba una conversación breve entre usted y otra persona, según una de estas dos situaciones.

_____

_____

_____
_____
_____
_____

> **Atajo**
>
> **Functions:**   Describing objects; disapproving; expressing irritation; sequencing events
>
> **Grammar**   Verbs: conditional

J. Situaciones posibles. Imagínese que usted es pasajero(a) del Flotel. Primero, lea cada situación, luego escriba cómo reaccionaría.

Ejemplo: Un niño indígena le pregunta a usted de dónde es.

> _Yo le diría que soy de Billings, Montana._

1. El piloto del Flotel anuncia la hora de almorzar.

   _____

2. Durante el almuerzo, una pareja ecuatoriana le dice a usted que ellos están en su luna de miel.

   _____

AUTOPRUEBA

Vocabulario

En el hotel. Complete el siguiente párrafo, usando palabras apropiadas de la lista.

aire	pisos	ruido	cuartos	sencilla	recepción
calle	doble	cómodo	privado	ascensor	habitación

En los mejores hoteles del munco hispano los _____ tienen _____ acondicionado, especialmente en regiones tropicales. Si el hotel tiene más de tres _____ , normalmente hay un _____. Si un cliente quiere una _____ para una persona, puede pedir una con cama _____ en la _____. Si hay dos clientes, por ejemplo, una pareja que está en su luna de miel, pueden pedir un cuarto muy _____ y _____ con una cama _____. Si el _____ del tránsito les molesta a los clientes, pueden pedir una habitación que no dé a la _____.

Gramática

A. ¡Bienvenidos al Flotel! Complete el siguiente párrafo, usando el futuro de los verbos entre paréntesis.

Su excursion (comenzar) _____ en Coca donde nuestro guía (recibir)

_____ a usted y a los otros pasajeros. El guía los (llevar) _____ al barco donde

ustedes (encontrar) _____ su cabina cómoda. A las siete (haber) _____ una

orientación en la terraza, luego ustedes (tener) _____ la oportunidad de conocerse en una

recepción informal. El Flotel (salir) _____ a las ocho. Ustedes (cenar) _____ en

el comedor. ¡Buen viaje!

B. Puros sueños entre amigas. Complete la siguiente conversación, usando el condicional de los verbos entre paréntesis.

KERI: ¿Qué (hacer) _____ tú si fueras millonaria?

MAKIKO: Yo (viajar) _____ a todos los países del mundo.

KERI: Me (gustar) _____ acompañarte. ¿(poder) _____ ir yo?

MAKIKO: Cómo no. Nosotras (salir) _____ después de este viaje.

KERI: ¿Adónde (ir) _____ primero, Makiko?

MAKIKO: (tomar) _____ un avión al Japón para conocer a mi familia.

KERI: ¡Perfecto!

Cultura

Empareje cada descripción de alojamiento con su nombre.

Descripción

1. hotel de lujo, grande y elegante, ofrece todas las comodidades, muy caro

2. casa familiar, tiene menos de doce cuartos, pequeña, informal, barata

3. dormir al aire libre, bueno para naturalistas, el hospedaje más barato

4. camas en dormitorios, ambiente informal muy barato

5. hotel histórico, contiene muebles antiguos, excelentes instalaciones, bastante caro

Alojamiento

a. pensión _____

b. parador _____

c. campamento _____

d. hotel de 5 estrellas _____

e. albergue para la juventud _____

ANSWERS TO AUTOPRUEBA

Vocabulario

En el hotel

cuartos, aire, pisos, ascensor, habitación, sencilla, recepción, cómodo (privado), privado (cómodo), doble, ruido, calle

Gramática

A. ¡Bienvenidos al Flotel!

comenzará, recibirá, llevará, encontrarán, habrá, tendrán, saldrá, cenarán

B. Puros sueños entre amigas

harías, viajaría, gustaría, Podría, saldríamos, iríamos, Tomaríamos

Cultura

1. d	2. a	3. c	4. e	5. b

Actividades y ejercicios orales

EN CONTEXTO

El viaje de Keri y Makiko. Escuche la narración y empareje los elementos de las dos columnas.

1. Coca   a. un barco   _____

2. los aucas   b. un guía   _____

3. el Flotel Orellana   c. un pueblo de la selva   _____

4. Limoncocha   d. un grupo indígena   _____

5. chicha   e. una bebida fermentada   _____

6. Luis Vargas   f. misioneros norteamericanos   _____

7. el Lago Tarocoa   g. la pesca   _____

VOCABULARIO ÚTIL

A. ¿Hay cuarto para esta noche? Escuche la conversación e indique con círculos qué clase de habitación está buscando el señor.

> **Hint:** You may wish to review the *Vocabulario útil* section of your textbook.

sencillo	baño privado
con vista al mar	aire acondicionado
doble	triple
cama doble	da a la calle

B. Problemas en el Hotel Miramar. La familia Pérez, de Cuenca, Ecuador viaja por la costa y pasa el fin de semana en el Hotel Miramar. Escuche los comentarios que hacen los Pérez al llegar al hotel. Haga una lista de los problemas que tienen con su cuarto.

> **Hint:** What are some problems you have had with hotel accommodations? How would you resolve these problems?

_____

_____

_____

_____

_____

_____

C. Definiciones. Usted va a oír varias definiciones de palabras. Marque con un círculo la palabra apropiada para cada definición.

1. calle   ascensor   ducha
2. sucre   tráfico   llave
3. manos   jabón   sopa

4. ruido   cuarto   recepción
5. aire acondicionado   baño privado   cama sencilla

GRAMÁTICA FUNCIONAL

A. ¿Dónde estarán y qué harán? José y Juan están hablando de Keri y Makiko y su excursión a bordo del Flotel. Indique si sus especulaciones son **correctas** o **incorrectas.**

⌐ **Hint:** If you are unsure of the details of Keri and Makiko's trip to the Amazon region, you may wish to reread the advertisement and letter in *Lección 17* of your text.

1. Correcta   Incorrecta
2. Correcta   Incorrecta
3. Correcta   Incorrecta

4. Correcta   Incorrecta
5. Correcta   Incorrecta
6. Correcta   Incorrecta

B. Una fiesta de despedida. Se prepara una fiesta de despedida para los pasajeros del Flotel Orellana. Makiko le hace unas preguntas al guía Óscar sobre las preparaciones. ¿Qué le contesta? Diga su respuesta durante la pausa.

⌐ **Hint:** Play the role of Óscar and state his response during the pause by using the information that is given. You will hear the correct answer after the pause.

Ejemplo: Luis
         ¿Quién hará las decoraciones?

         Luis las hará.

1. yo
2. todos los pasajeros
3. Keri y tú
4. Luis y yo
5. tú
6. yo

C. Una invitación. Keri invitó a José a visitarla en Miami. José decide aceptar la invitación y su familia le hace algunas preguntas sobre sus planes. ¿Cómo le contesta José? Diga su respuesta durante la pausa.

⌐ **Hint:** Play the role of José and state his response during the pause by using the information that is given. You will hear the correct answer after the pause.

Ejemplo: en enero

         ¿Cuándo piensas ir, José?

         Iré en enero.

1. dos meses
2. estudiar inglés
3. con los tíos de Keri
4. yo
5. en marzo
6. toda la familia

D. En el futuro. Usted va a oír cinco preguntas sobre su vida en diez años. Después de escuchar cada pregunta, contéstela con su mejor predicción.

1. _____
2. _____
3. _____
4. _____
5. _____

E. Cómo resolver los problemas. Un amigo le pregunta a quién buscaría para resolver algunos problemas. Escoja entre las personas indicadas para contestar las preguntas.

⌐ **Hint:** It might help to know the word *gerente* (manager).

Ejemplo: ¿A quién llamaría usted para llevar un grupo de turistas por la selva amazónica?

Llamaría a un guía.

recepcionista   gerente   asistente de vuelo
misionero   agente de viajes   guía
camarero   policía

1. _____
2. _____
3. _____
4. _____
5. _____

F. ¿Qué haría usted? Usted va a oír algunas preguntas. Contéstelas usando el condicional.

Ejemplo: Si usted fuera a la selva, ¿qué llevaría?

Llevaría una cámara para sacar muchas fotos.

1. _____
2. _____
3. _____
4. _____
5. _____

LECCIÓN 18

Viaje a las islas encantadas

Actividades y ejercicios escritos

EN CONTEXTO

Una excursión encantada

Lea la guía turística y la carta en la sección *En contexto* en la página 432 de su libro de texto. Luego, basado en lo que usted leyó, conteste las siguientes preguntas.

1. ¿Cómo viajaron Keri y Makiko de Quito a Guayaquil?

_____

2. ¿Cómo se llama el barco en que viajaron estas jóvenes?

_____

3. ¿Qué conflicto tuvo Sandy con el capitán del barco?

_____

4. ¿En qué isla está situada la Estación Charles Darwin?

_____

5. ¿Por qué se enfermó Makiko durante la excursión?

_____

6. ¿En qué día celebró Makiko su cumpleaños?

_____

VOCABULARIO ÚTIL

A. En una clínica. Complete la siguiente conversación entre una médico (M) y su paciente (P), usando palabras y frases apropiadas de la lista.

boca	fiebre	pastilla	cuidarse	antibiótico
oídos	clínica	me duele	aspirinas	qué tiene usted
morir	catarro	estómago	examinarla	dolor de cabeza

M: Buenas tardes.

P: Buenas tardes, doctora.

M: Dígame, señorita. ¿_____?

P: Pues, tengo _____ y... y _____ el _____.

M: Sí, comprendo. Voy a _____. Siéntese aquí, por favor.

P: También tengo una _____ tremenda, doctora.

M: Sí, comprendo. Abra la _____, por favor y diga "Ah".

P: Ahhhhh.

M: ¿Le duelen los _____?

P: No. ¿Me voy a _____, doctora?

M: No, usted tiene un _____ y debe _____ más.

P: ¿Qué más debo hacer?

M: Tome dos _____ cada cuatro horas hasta que no tenga más fiebre. También

tome esta _____ que es un _____. Es importante que

descanse en cama. ¿Me comprende, señorita?

P: Sí, doctora. Muchas gracias.

M: De nada. Quiero que vuelva a la _____ en una semana. Que le vaya bien, señorita.

P: Gracias. Adiós, doctora.

B. Mi historia médica.

Complete la información en el formulario. Usted puede inventar a un(a) paciente, si desea.

HISTORIA MÉDICA

APELLIDO	NOMBRE	FECHA

DOMICILIO		CIUDAD

TELÉFONO (DOMICILIO)	TELÉFONO (TRABAJO)	TELÉFONO (EMERGENCIA)

SALUD EN GENERAL: ____ Excelente ____ Buena ____ Mala

TOMA MEDICINA: ____ No ____ Sí (Toma: _____)

ÚLTIMA ENFERMEDAD: _____

ACCIDENTES: _____

PADRE: ____ Vive (Edad: _____) ____ Muerto (Edad: _____)

MADRE: ____ Vive (Edad: _____) ____ Muerta (Edad: _____)

PROBLEMAS MÉDICOS DE FAMILIA: _____

_____

_____

C. La gripe y la vitamina C. Lea este anuncio. Luego indique si cada oración es verdadera (**Sí**) o falsa (**No**).

LA GRIPE Y LA "VITAMINA C"

La gripe o resfriado común se debe a un virus que afecta a la población en todo el mundo. Debido a que existen varios tipos de virus, el organismo no desarrolla inmunidad, y puede atacar varias veces al mismo individuo durante el año

El resfriado común tiene una incidencia económica importante, dado que obliga a millones de personas a ausentarse del trabajo.

En estudios realizados en los Estados Unidos se ha comprobado que la frecuencia y la duración de la gripe es mucho menor en personas que toman Vitamina C.

ES RECOMENDADO TOMAR 1 g DIARIO DE VITAMINA C (REDOXON) Y AUMENTAR LA DÓSIS EN EL PRIMER SÍNTOMA DE GRIPE. ESTO HA DEMOSTRADO QUE, EN LA MAYORÍA DE LOS CASOS, ACORTA LA DURACIÓN DE LA ENFERMEDAD.

	Sí	No
1. La gripe es un tipo de pastilla.	[ ]	[ ]
2. Una enfermedad común es la gripe.	[ ]	[ ]
3. Redoxon es igual que la vitamina C.	[ ]	[ ]
4. La vitamina C puede atacar la gripe.	[ ]	[ ]
5. Es posible tener la gripe más de una vez.	[ ]	[ ]
6. Este anuncio es para diferentes vitaminas.	[ ]	[ ]
7. Otra palabra para "resfriado" es "catarro".	[ ]	[ ]
8. Se debe tomar dos tabletas de Redoxon cada día.	[ ]	[ ]

D. Otro(a) paciente. Complete la siguiente conversación entre un médico (M) y su paciente (P), usando palabras y frases de esta lección.

M: ¿Qué tiene usted?

P: _____.

M: ¿Dónde le duele?

P: Aquí en _____.

M: ¿Por cuánto tiempo?

P: _____, doctor(a).

M: Siéntese, por favor. Voy a _____.

P: ¿Es algo grave, doctor(a)?

M: _____ .

P: ¿Qué debo hacer?

M: Usted necesita _____ .

P: _____ . Muchas gracias.

M: _____ . Hasta luego.

P: _____ , doctor(a).

Functions: Describing health; asking and giving advice; weighing alternatives
Vocabulary: Body; sickness; medicine

E. El cuerpo humano. Escriba el nombre de cada parte del cuerpo.

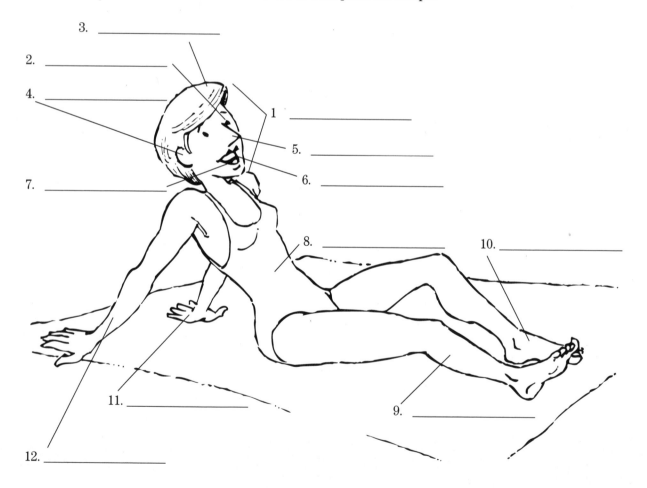

3. _____

2. _____

4. _____

1. _____

5. _____

6. _____

7. _____

8. _____

10. _____

9. _____

11. _____

12. _____

F. Historia médica. Complete las siguientes oraciones, usando palabras apropiadas de la lista.

mano	nariz	cabeza
~~boca~~	~~oídos~~	~~dientes~~
ojos	brazo	estómago

1. De niña comí muchos chocolates. Más tarde me enfermé del _____.

2. De adolescente, me caí de la bicicleta y me fracturé el _____ y me lastimé la

   _____ izquierda.

3. Una vez durante un examen físico, el médico me dijo que abriera la _____ y que

   dijera "Ahhh". Luego me examinó los _____, los _____ y la

   _____.

4. El año pasado fui al dentista porque sufría de un horrible dolor de _____.

5. Anoche tomé dos aspirinas porque tuve dolor de _____.

GRAMÁTICA FUNCIONAL

"If" Clauses

A. En la oficina del dentista. Complete la siguiente conversación, usando las formas de los verbos de la lista.

podría	harías	dieras	tendrías	escucharías
dijera	usaras	comieras	te lavaras	

DENTISTA: Si _____ los dientes, si _____ el hilo dental (*floss*)

y si _____ menos dulces, Lola, no _____ tantos

problemas en esta boca.

NIÑA: Sí, doctor. Pero no _____ jugar tanto con mis amigos.

DENTISTA: ¡Qué exageración! Mira, si yo te _____ cómo lavarte los dientes, ¿me

_____ y lo _____?

NIÑA: Claro que sí, doctor. Pero solamente si me _____ un dulce.

B. A bordo del "Tortuga". Haga oraciones completas para expresar las siguientes ideas.

Ejemplo: si Tomás / enfermarse, todos / lo ayudar

Si Tomás se enfermara, todos lo ayudarían.

1. si "la Abuelita" / ver / iguana, todos / sacar / cámara

_____

2. si Jürgen y Ulrike / ir / restaurante, pedir / bistec

_____

3. si el capitán no / fumar / barco, todos / alegrarse mucho

_____

4. si Makiko no / hacer / tantas actividades, no / enfermarse / barco

_____

5. si Keri no / escribir / cartas / yo no / saber nada / viaje

_____

6. si Peter / no llevar / cámara / no tener fotos / Islas Galápagos

_____

7. si Carla / saber hablar alemán / poder comunicarse mejor / Katrin

_____

C. ¡Ojalá! Termine cada oración con una condición.

Ejemplo: Me gustaría viajar más si (yo)...

Me gustaría viajar más si tuviera el dinero.

1. Ahorraría dinero para un viaje si (yo)...

_____

2. Tendría tiempo para hacer un viaje si (yo)...

_____

3. Viajaría a las Islas Galápagos si mi amigo(a)...

_____

4. Aprendería más sobre esas islas si mi profesor(a)...

_____

5. Sabría hablar español mejor si mis compañeros y yo...

_____

D. Así es la vida. Complete las siguientes oraciones, usando las frases de cada lista, según sus preferencias. La línea corta (_____) indica otras posibilidades.

Ejemplos: Si quiero hablar bien el español, _debo vivir en España._

Si quisiera hablar bien el español, _trabajaría en México._

¡A trabajar!

1. Si quiero hablar muy bien el español, (yo)...

    Si quisiera hablar muy bien el español, (yo)...

_____	trabajar en _____	practicarlo más con _____
vivir en _____	tomar más clases	estudiar en _____

    _____

    _____

    _____

    _____

2. Si mi cuarto, casa o apartamento está desordenado(a), (yo)...

    Si mi cuarto, casa o apartamento estuviera desordenado(a), (yo)...

_____	lavar la ropa	lavar los platos
hacer la cama	sacar la basura	limpiarlo(la) bien

    _____

    _____

    _____

    _____

¡A pasarlo bien!

3. Si un(a) amigo(a) me invita a su casa esta noche, (nosotros/as)...

    Si un(a) amigo(a) me invitara a su casa esta noche, (nosotros/as)...

_____	mirar la televisión	jugar cartas
hablar de _____	ver una película	comer pizza y beber refrescos

    _____

    _____

    _____

    _____

4. Si tengo suficiente tiempo este fin de semana, (yo)...

   Si tuviera suficiente tiempo este fin de semana, (yo)...

   _____   salir con _____   esquiar en la nieve (el agua)

   jugar al _____   ir al cine (a _____)   caminar (acampar) en las montañas

   _____

   _____

   _____

   _____

E. Acción, reacción. Complete las oraciones lógicamente, usando el imperfecto del subjuntivo con el condicional.

Ejemplo: Si mis padres_____, (yo) _____.

   Si mis padres compraran un auto nuevo, me alegraría.

1. Si mis padres _____, (yo)

    _____.

2. Si mis amigos me _____, (yo)

    _____.

3. Si mi mejor amigo(a) _____,

    (él / ella) _____.

4. Si yo _____ a mi profesor(a),

    (él / ella) _____.

5. Si yo _____ hoy,

    _____ este fin de semana.

Use of Infinitives, Indicative, and Subjunctive (Summary)

F. Un buen guía. Para aprender un poco sobre Tomás Portero, complete los siguientes párrafos, indicando los verbos correctos.

   ¡Hola! Me llamo Tomás Portero y (soy / sea) guía a bordo del "Tortuga". Aquí en las

Islas Galápagos los turistas (son / sean) de todas partes del mundo. Cuando (llegan /

lleguen) mis pasajeros al aeropuerto, siempre los (saludo / salude) y los (ayudo / ayude)

con su equipaje. También les sugiero que (se aplican / se apliquen) crema bronceadora

porque el sol (es / sea) muy fuerte en esta región.

En el "Tortuga", les explico a mis pasajeros adónde (vamos / vayamos) y qué haremos allí. Algunos quieren ir adonde (pueden / puedan) ver los galápagos y otros prefieren (nadar / nadan / naden). Es posible (hacer / hacen / hagan) muchas actividades aquí, pero creo que (es / sea) una lástima que los turistas (tienen / tengan) tan poco tiempo. Para ver todas las islas bien, es necesario (pasar / pasan / pasen) dos meses aquí. Por eso, mis pasajeros me piden que les (enseño / enseñe) los lugares más interesantes.

Me gusta mucho mi trabajo porque (tengo / tenga) tantas oportunidades de conocer a gente simpática. Ojalá que mis pasajeros (están / estén) contentos con mi trabajo y que me (dan / den) buenas propinas.

G. Hace muchos años. Ahora imagínese que han pasado muchos años y Tomás están contándoles a sus niños de cuando trabajaba en el "Tortuga". Escriba en el pasado el párrafo del Ejercicio F.

Ejemplo: Soy guía a bordo del "Tortuga"…

Yo era guía a bordo del "Tortuga"…

_____

_____

_____

_____

_____

_____

_____

_____

_____

H. Querida Keri... Cuando Makiko Akaishi volvió al Japón, le escribió la siguiente carta a su amiga Keri Cranson. Complete la carta, usando infinitivos o formas correctas de los verbos de la lista.

ver	tener	llamar	gustar
hacer	pasar	querer	comprar
saber	salir	llegar	preguntar

Tokio, Japón
31 de julio

Querida Keri:

Mis padres se alegraron que yo _____ bien en el avión desde Miami. Siempre se preocupan de que algo mal me _____ cuando viajo. Les di los regalos que

_____ en el Ecuador y ellos _____ las fotos de nuestro viaje (¡las

fotos _____ bien!). Les _____ mucho. Mis padres me

_____ muchas preguntas sobre los Estados Unidos y sobre Sudamérica. Por ejemplo,

mi papá quería _____ si conocí al Presidente, y mi mamá me _____

si me gustaba la comida ecuatoriana.

    Bueno, ahora voy a _____ por teléfono a una amiga que _____

ver mis fotos. Por favor, escríbeme cuando _____ tiempo porque me gustaría recibir

noticias tuyas. Espero que tú y tu familia estén bien.

Un fuerte abrazo de
Makiko Akaishi

I. Querida Makiko... Keri contestó la carta de Makiko, como usted ve aquí. Complete la carta usando infinitivos y formas correctas de verbos apropiados.

Miami, Florida
15 de agosto

Querida Makiko:

    Muchas gracias por tu carta, la cual _____recibí_____ ayer.

    Me alegro de que tus fotos _____ bien y que a tus padres les gustaran los regalos

que les _____ en el Ecuador. También todas mis fotos _____ bien.

Me sorprendió que tu padre te _____ si conociste al Presidente de los Estados Unidos;

es posible que tu papá _____ divertirse un poco.

    Como tú sabes, voy a _____ un año más en la Universidad Internacional de la

Florida. Es posible que _____ clases en microbiología, zoología y botánica porque

_____ ser bióloga.

    Bueno, ahora me despido de ti. Espero que me _____ pronto y que me

_____ tus planes.

Un fuerte abrazo de
Keri Cranson

J. ¿Qué cree usted? Complete las siguientes oraciones para expresar sus ideas.

Ejemplos: Es bueno...
Es bueno que...

Es bueno tener amigos.

Es bueno que tenga amigos.

1. Es importante...

_____

Es importante que...

_____

2. Creo que el Ecuador...

_____

No creo que el Ecuador...

_____

3. Si mis padres me dan veinte dólares, (yo)...

_____

Si mis padres me dieran mil dólares, (yo)...

_____

4. Cuando hablo español en clase, mi profesor(a)...

_____

Si hablara español mejor, mi profesor(a)...

_____

K. Un incidente personal. Escriba uno o dos párrafos sobre un incidente que le pasó a usted en un avión o un barco, una canoa o en un velero. Use el indicativo y el subjuntivo apropiadamente.

_____

_____

_____

_____

_____

_____

_____

_____

_____

_____

AUTOPRUEBA

Vocabulario

En la clínica. Complete los siguientes párrafos, usando palabras apropiadas de la lista.

boca	cabeza	examinó	estómago	se sentía
grave	examen	clínica	medicina	se cuidara
fiebre	médico	me duele	pastillas	se enfermó

Makiko _____ en el "Tortuga". Ella fue a una _____ donde le dijo al

_____ que no _____ bien. Cuando él le preguntó a la joven qué tenía, ella

respondió: —Ay, doctor, _____ el _____.

El médico le dijo que abriera la _____ y le _____. Le preguntó si tenía

_____, pero Makiko le respondió que no, aunque le dolía un poco la _____.

Después del _____, el médico le informó a Makiko que su enfermedad no era nada

_____. Sin embargo, le dio _____: algunas _____ para el estómago,

y le dijo que _____.

Gramática

A. Entre amigas. Complete la siguiente conversación, indicando los verbos correctos entre paréntesis.

MAKIKO: Si yo no (había / hubiera) comido ese pescado, no estaría enferma ahora, Keri.

KERI: Pues, si eso (es / fuera) verdad entonces, ¿por qué no estoy enferma también?

Makiko: No sé, Keri. Si (pienso / pensara) más en todo esto, voy a estar más enferma.

KERI: Si (vas / vayas) a la clínica, el médico puede examinarte.

Makiko: Yo iré allí si (me siento / me sintiera) peor, Keri.

KERI: Sí yo (estoy / estuviera) tan enferma como tú, iría en este momento.

B. Las Islas Galápagos. Complete el siguiente párrafo, usando formas apropiadas de los verbos entre paréntesis.

Casi todas las personas que (viajar) _____ a las Islas Galápagos quieren (conocer)

_____ los animales allí en su estado natural. Estos viajeros esperan (ver) _____

iguanas marinas, focas, cangrejos y muchos otros animales. Claro que ellos (llevar) _____

cámaras para (tener) _____ recuerdos de su breve visita. Es bueno (visitar)

_____ estas islas, pero si nosotros no las (proteger) _____, las podemos

(perder) _____ para siempre. Por eso, el gobierno ecuatoriano solo permite que (entrar)

_____ cierto número de visitantes a las Galápagos. Además, cada visitante (pagar)

_____ ochenta dólares para visitarlas antes de (llegar) _____ allí. De esta

manera, estas islas encantadas (seguir) _____ su existencia natural para siempre.

Cultura

Lea cada oración, luego indique si es verdadera **(Sí)** o falsa **(No)**.

1. Para prevenir problemas de estómago cuando se visitan otros
   países, es bueno tomar agua mineral en botella.   _____

2. En muchos países hispanos es mejor cocinar los vegetales y pelar
   las frutas antes de comerlos para prevenir problemas de estómago.   _____

3. Hay pocos especialistas en medicina en España y
   Latinoamérica.   _____

4. Es importante tener seguro médico antes de visitar los países
   hispanos.   _____

ANSWERS TO AUTOPRUEBA

Vocabulario

En la clínica

Paragraph 1: se enfermó, clínica, médico, se sentía, me duele, estómago
Paragraph 2: boca, examinó, fiebre, cabeza
Paragraph 3: examen, grave, medicina, pastillas, se cuidara

Gramática

A. Entre amigas

hubiera, es, pienso, vas, me siento, estuviera

B. Las Islas Galápagos

viajan, conocer, ver, llevan, tener, visitar, protegemos, perder, entre, paga, llegar, seguirán

Cultura

1. Sí
2. Sí
3. No
4. Sí

Actividades y ejercicios orales

EN CONTEXTO

A. El itinerario de una excursión. Escuche la narración y complete el itinerario del viaje de Keri y Makiko a las Islas Galápagos.

⊐ **Hint:** Read over the incomplete itinerary to determine the type of information need-
ed. Listen to the narration once to obtain an overview of the tour. Listen again
as you fill in the blanks to create a tour brochure.

LAS ISLAS GALÁPAGOS

Les invitamos a bordo del barco _____ con el capitán

_____ y su guía _____.

PRIMER DÍA: salida para la Isla _____ con su volcán inac-

tivo y la vista panorámica de _____.

SEGUNDO DÍA: salida para la Isla _____ para ver pájaros,

focas, cangrejos grandes y otros animales _____.

TERCER DÍA: visita a la _____ y viaje al

_____ con sus diversos pájaros. Continuarán a

_____ para ver leones marinos e iguanas verdes y rojas.

La próxima _____ será la Isla _____

para visitar la Estación _____ y hablar con los

_____ que trabajan allí.

¡Le gustarán estas _____ maravillosas!

VOCABULARIO ÚTIL

A. La salud. Usted oirá seis frases que tienen que ver con la salud. Decida a qué parte del cuerpo se refiere y escriba la respuesta.

⊐ **Hint:** One word you might need to know is *lengua* (tongue.)

1. _____

2. _____

3. _____

4. _____

5. _____

6. _____

B. Síntomas y recomendaciones. Escuche la conversación entre Makiko y el médico del hospital Santa Cruz. Escriba los síntomas que tiene Makiko y las recomendaciones que le da el médico.

SÍNTOMAS	RECOMENDACIONES
_____	_____
_____	_____
_____	_____
_____	_____
_____	_____

C. Un paciente raro. Usted va a oír una serie de instrucciones para dibujar una figura. Dibújela abajo según las instrucciones.

Hint: Listen carefully for the names of different body parts and their location. What words would you use to describe where to place eyes, mouth, arms, etc.?

Nombre _____ Fecha _____

GRAMÁTICA FUNCIONAL

A. Soluciones. Mire los siguientes dibujos. ¿Cómo resolvería usted los problemas?
Usted va a oír algunas frases incompletas. Termínelas de una manera lógica.

1. _____
2. _____
3. _____
4. _____
5. _____
6. _____

B. Las condiciones. Usted oirá una serie de frases incompletas. Termine las frases
de una manera lógica.

1. _____
2. _____
3. _____
4. _____
5. _____
6. _____

C. Una entrevista con el capitán.
Keri quiere entrevistar a Alfredo Ochoa, el capitán del Tortuga. Escuche las preguntas y marque la respuesta correcta con un círculo.

1. a. Llevo quince años.

   b. Llevaba quince años.

   c. Lleve quince años.

2. a. No me gusta pescar.

   b. Me alegro de que los pasajeros aprendan algo de las Islas.

   c. Quiero comprar un barco más grande.

3. a. Espero que los turistas tengan más de veinte años.

   b. No dudo que trabaja más.

   c. Quiero trabajar unos diez años más.

4. a. Todos los grupos son interesantes.

   b. Dudo que tenga suficiente dinero.

   c. Quiero encontrar otro trabajo.

5. a. Me gusta el trabajo.

   b. Quiero dedicarme a la conservación de las Islas Galápagos.

   c. Aprendo mucho de los turistas.

D. ¿Qué te pasa, Makiko?
Keri está preocupada porque su amiga está enferma. Le hace algunas preguntas para saber cómo se siente y qué va a hacer. ¿Qué responde Makiko? Usted oirá una respuesta posible después de cada pregunta.

☐ **Hint:** The questions you will hear range over a variety of time periods, from the past to the hypothetical future. Listen carefully to the tense or tenses used in each question and let this information aid you as you formulate your response.

1. sentirse / ?

2. comer / ?

3. darme / ?

4. querer / quedarse / ?

5. cuando / sentirse mejor / querer comer / ?

E. Unos consejos. Imagínese que usted es agente de viajes. Tiene un cliente de
Ecuador que quiere visitar unas ciudades en los Estados Unidos. Conteste sus preguntas
en oraciones completas.

1. _____

2. _____

3. _____

4. _____

5. _____

6. _____

7. _____

8. _____